変化対応力を高める

『お役立ち』思考のすすめ

外食プロが語る「顧客志向」商いの本質

Shigeru Tamura
田村 茂
元株式会社モスフードサービス
専務取締役

同友館

はじめに

2020年5月、前作『外食マネージャーのためのぶれないプライドの創り方』が出版になった頃からコロナ禍が急激に拡大を始めました。

執筆中には全く予測がつかず、想定外の船出で、そのタイミングでの出版…私は運の悪さを嘆きました。

されど、この3年間の逆境期は、新たな「学び」の機会を与えてくれました。

緊急事態宣言の発令に伴い、前作の主要な読者層である、外食の現場マネージャー、リーダーたちは、リスクと隣り合わせの日々に、いつも頭を悩ませ、神経も使いました。

現場マネージャーたちにとってこの事態は、読書どころでは無い環境をもたらし、自店の存続にかかわる大事に至りました。今も相当ご苦労されているものと思います。

しかし、私の心配をよそに、意外な反応もありました。

むしろこの時期だからこそ、「ポストコロナ」を見据えて大事なことを今のうちに学んでおこう、とする経営者や現場リーダーたちがいたのです。

コロナ禍に対する目前の対処法というより、今が辛くても、忘れてはならない外食人としての大事な仕事の目的・意義・喜び・心構えを再確認しておこうとするものでした。

コロナの「コ」の字もまったく記していない本でしたが、そうしたリーダー達を含めた多くの方にお読みいただき、たくさんのご感想やご意見をいただきました。

生活者は、罹患のリスク回避のために、巣ごもりの「新しい生活様式」に加速度的にギアを切り替え、「ウチごはん」を選択するようになりました。

店内飲食を中心とするところは急激な来店客数減に見舞われ、廃業を余儀なくされた外食店・小売り店も数多く存在しました。

それだけ、この変化たるや、先の見えない、予測不可能なほど急激なものだったと言えます。

ある専門家は、「この変化は確かに急速だったが、今始まったことでは無く、コロナ禍以前からじわりじわり変化をきたしていたもの（その変化を加速させただけ）」と指摘しています。

私も同感です。確かに、コロナ禍だけが、厳しい経営環境に追いやった原因とは一概に言えない面があります。

すでに生じていた内外の変化を加速化させたとも言えます。コロナ禍以前から見えていた環境や生活スタイルの変化に対して、会社やお店にそもそも「変化対応」のマーケティング風土があったかどうかが問われることになったように思います。

さらに言及すると、組織風土の中に、フットワークの良い、「変化対応力を高めるための『お役立ち』思考」が社員・スタッフに共通するマインドとして、しっかり根付いていたかどうかです。

そして、それを踏まえ昨今の大変化から「何を学ぶか」「次にどう備えるか」ということです。

ここが本書の主なテーマです。

私がコロナ禍を通して実感し、学んだ「生き残っていくお店・商いに重要なこと」がいくつかあります。それを5つにまとめてみました。

1つめは、お客さまにとって、本当に無くてはならない商いなのかが問われました。お客さまの「お役に立つ店」だったのか、「正直な商い」をしてきたのか、いわば顧客志向のマーケティング活動だったのか、その点で「ふるい」にかけられたと思います。

顧客志向のマーケティングというのは、どんな事でもお客さまのご希望に応えるということでは無く、自社のビジョンや強みを踏まえ、顧客のニーズ（顕在・潜在）に対して、他社より優位性のある、自社にしか出来ない商品・サービスを提供することです。

2つめは、何といっても「商品力（ブランド力）」がものを言いました。外食業では商品（定番）に根強いファンがついていたお店が強く、そしてそれを売る仕組みがしっかり整っていたところが、逆境にあっても業績を伸ばしたように思います。

3つめは、「運・不運」もあったことです。

とても繁盛していたお店が苦しみの底に突き落とされたり、不振だった店がコロナ特需で繁盛したり、従来の経営論では整理のつかない事象も現れました。いまでもその例外を整理出来ません。

4つめは、「変化対応力」の有無が問われました。

先述したように、業績好調だったお店に共通することは、フットワークの良い「変化対応」のマーケティング風土があり、巣ごもり需要の生活様式の変化に細やかに提案をし続けたところでした。

「ファミリーの快適時間」を応援する商品開発や持ち帰り需要への対応をしたところが強みを発揮しました。

5つめは、固定のお客さま、すなわち「ファン」比率の高いところが安定した業績をあげたように思います。

顧客志向のマーケティングを重点に、コツコツとブランドロイヤルティ（愛着心）を積み上げてきたところは、その「ファン」の方々に支えられました。

逆に、店舗前流動性の高いお客さまをたよりにしていたところは苦戦しました。

しかし、緊急事態宣言が発令され、休業を余儀なくされたお店の中で、「行きたくてもいけない店」が、解除後、また以前の賑わいを取り戻したことは特筆すべき事実でした。

長いこと、お客さまの満足のために、ひたむきに・ひたすらに努力をされてきた証だと思います。これは1つめの学びを表す事象でもあります。

まさにブランドは「信用・信頼」。お客さまが、お店や商品を選択する際、最も信頼できる対象として、想起されるものです。

それを正直に創りあげてきたところが強かったと言えます。

このようにコロナ禍は、商いの「明暗」を分けました。

明・暗、それぞれに「ワケ」があります。

それは、「人の心の在り方」次第ということです。これから生き残っていくお店・商いにとって最重要なことは、「情緒的価値・人柄価値」の存在です。

「ホスピタリティマインド（＝お役立ちの心）」とも言えます。


コロナ禍の逆境にあって、業績を伸ばし、ファンから無くてはならないお店・商いとしての「称号」をいただいたところは、まさにこの「ホスピタリティマインド」がスタッフの心から染み出てお客さまのハートを射止めたところと言えます。


「潰れてはこまる店」が「潰れない店」になりました。

そのお店には、スタッフの皆さんのワクワク感・イキイキ感がありました。

マネジメントが効いたお店・会社ということが言えます。


「マネジメント」とは、リーダーが、お客さま、スタッフなど関係する方の心の琴線に触れ、心をワクワクさせること。特に、スタッフの皆さんを気持ち良く、お役立ちの行動に駆り立ててあげることかと思います。

そのための楽しさを醸成すること。

そしてそのことが、目の前の一人一人のお客さまに「楽しい！」を提供してあげる源であること。

これがマネジメントの要諦と実感しました。

著名な経営学者であるP・F・ドラッカー氏は事業の目的を「顧客の創造」と断言しています。顧客の創造とは顧客が求める価値を見い出し、提供すること…「楽しい」は最も象徴的な顧客価値と言えるのではないでしょうか。

ちなみに、ドラッカー氏は「顧客を創造する」を〝create a customer〟と記しています。customersではなくa customer…つまり、層として顧客を見るのではなく、「一人一人のお客さまを見る」ことの重要性を意図されたのではないかと、私は捉えています。

顧客志向の前提にスタッフのモチベーションアップあり…商いの明暗の差はそのマインド（＝心の在りよう）にあり。私はそう強く実感しています。

そこが「商いのコツ」の根っこなのだと思います。

このマインドの醸成は、リーダーの役割が大事であることは申すまでもありませんが、企業教育だけで身につくものではありません。
個々の普段のモノの見方、感じ方、そして心温まる体験や小さな親切心からも養われるものと思います。
自分磨き、自己鍛錬する意識・体験の量が大切です。それらの体験や「学び」が、心に感情として刻まれるものです。

それを踏まえ、私なりに考える、「お客さまにとって無くてはならないお店・商いについての本質」を、これから語っていきたいと思います。
同時に、これから社会と交わることになる若い人たちが、良い仕事との出会いをし、その中で、気持ち良く仕事をし、その結果、成長実感を得ることができるように、今のうちに学んでおくべき「大事なこと」や「必要とされる人」になるための心得など、「人の心の在り方」を軸にして私の拙い体験や見聞きした学びを交えてお伝えしてみたいと思います。

それが今後のキャリアを考えるにあたって、まずは、自分自身が魅力ある人材になるための「気づき」になれば、と願っています。

2023年11月　田村 茂

はじめに　i

第1章　ポストコロナ時代を生き抜く顧客志向マーケティング　1

第1節　逆境に生き残る店・商いの共通点とは　3
第2節　競争ステージの新たな変化と商品開発競争　11
第3節　「絶品」は「失敗」と「スピード」から創られる　23
第4節　「正しい価格」について　33
第5節　価値を創造するマーケターの資質と心構え　47

第2章　顧客志向マーケティングを支えるホスピタリティマインド　59

第1節　ホスピタリティを生むマネジメント　61
第2節　ホスピタリティ人材を育てるインターナル・ホスピタリティとは　68
第3節　「個店色」の優位性とは　77
第4節　ホスピタリティマインドに通じる先達からの学び　87

第3章　顧客志向が組織に根付くマインド形成　97

第1節　ブランドイメージを左右する「らしさ」と「つもり」　99
第2節　「らしさ」の風土創り　～モスらしさの形成～　110
第3節　「らしさ」を育むリーダーの責任と愛情　124
第4節　「らしさ」が育むブランドロイヤルティ（愛着心）　139

第4章　顧客志向の高い人材を育てるリーダーの役割　149

第1節　経営者・リーダーの素質とは　151
第2節　リーダーの役割　～刺激を運ぶ「風の人」たれ～　168
第3節　リーダーは人情の機微に配慮して指導　178
第4節　トップダウンとボトムアップ両輪で「顧客志向」を実現　187

第5章　顧客志向を具現化するマーケターの学びとお役立ち　205
第1節　私のインプット&アウトプット　～歴史に学び、経験にも学ぶ～　207
第2節　マーケターの「心の土台」と「コントロール」とは　226
第3節　相手のニーズにアプローチする「くばり力」　240

第6章　創業理念こそが顧客志向の原点　249
第1節　創業理念は存在意義でありロマンの源泉　251
第2節　「凡事徹底・継続」の力の源泉とは　259

おわりに　266

第1章

ポストコロナ時代を生き抜く顧客志向マーケティング

第1節　逆境に生き残る店・商いの共通点とは

①たくましい商いには「存在意義」と「変化対応力」がある

コロナ禍がもたらした「急激な変化」と、そこから私自身が「学んだこと」のいくつかを「はじめに」でお話ししましたが、ここでは、その「学び」についてさらに深く考察してみたいと思います。

そこから見えてくるのは、逆境を乗り切り、たくましく生き残る店や商いにある「２つの共通点」です。

１つめは、「明確な存在意義」があり、そしてそれを支える人々の「心のドメイン（心を向ける領域）」が、ぶれずに存在することです。

２つめは、「変化対応のマーケティング手法」です。

１つめの「明確な存在意義」とは、「理念や使命感」のことです。

誰のため、何のためにお役に立つ企業や店なのか、これがしっかりと明文化され、語られ、実践の指針も示されています。そのことをリーダーたちは、スタッフの皆さんに向けて「自らの言葉」で、機会ある毎に語り継いでいます。それが「心のドメイン（心を向ける領域）＝顧客に向き合う志」として組織の内に息づいています。

「理念や使命感」は経営や運営が狭路に迷いこんだ時や、壁にぶち当たった時に「戻る場所」。「原点回帰」とはまさに「わが社の理念や使命」に立ち戻ることを指すと思います。

コロナ禍という逆境の中、この「理念や使命」の有無が、経営に大きく影響しました。

完璧な企業は無いと思いますが、少なくともそのことを片時も忘れずに、顧客満足を高めることを目標に、ただひたすら・ひたむきに「お役立ちの思考と努力」を怠らない企業が生き残っていると言えます。

2つめの「変化対応のマーケティング手法」は、「変化」へのあらゆる対処方法を意味しています。

「変化対応」の重要性については、イギリスの自然科学者ダーウィンが唱えた「進化論」がつとに有名です。名言を残しています。

「生き残る種とは、最も強いものではない。最も知的なものでもない。それは変化に最も適応したものである。」

これは企業活動にも言えることで、「変化」にフットワーク良く対応したところ、その風土があるところがしっかり「生き残って行く」ことを教えています。
フットワークが良いということは、「意志決定のスピード」が速い体質ということでもあります。

②モス健闘の「ワケ」～強みに集中した施策～

コロナ禍でも健闘した企業の１つに、モスバーガー（株式会社モスフードサービス、以降モスと省略）があげられます。私の古巣です。後輩の皆さんは、コロナ禍の危機感を背景に、「変化」に真剣に向き合っています。

健闘には「ワケ」があります。参考にご紹介させていただきます。

１つめは、モス本来の「強みを生かした施策」です。「強み」はお客さまから特に「支持」されている部分です。モスのブランド形成の「源」をなした部分です。

「美味しい商品の開発・提案力」がその強みです。その強みを再認識して、その分野に施策を集中したことです。まさに顧客志向マーケティングの実践です。

コロナ禍による生活スタイルの変化、すなわち「巣ごもり需要」に対応して、強みである商品をブラッシュアップして提案したことです。

外食店は、店内飲食が激減し、むしろテイクアウト需要が急増しました。モスはテイクアウト（＆ドライブスルー併設店）が売る仕組みとして定着していたことで、選択肢として真っ先にブランド想起されました。

かなりの仕事や学校の授業もリモートに置き換わり、家族が自宅で過ごす時間が大きく増えました。提案のターゲットはおのずとファミリーになりました。デジタル分野の進化にもいち早く着目し、ネット注文の仕組みをコロナ禍前から導入していたこともその後押しになりました。

モスはテイクアウトやネット注文、さらにデリバリー需要に応えるために、ファミリー向けの商品を提案しました。フレンチフライポテトやモスチキンのファミリーパックです。また家庭内でお子さんが楽しい時間を過ごせるように、キャラクターブランドとコラボしたおもちゃを子供向けセットに取り入れました。今まで、あまり力を入れていなかった分野です。

さらにコロナ前から少しづつ始まっていたテイクアウトやドライブスルーの需要増に対応して、ハンバーガーのバンズの保水性を高めたり、定番のモスバーガーのミートソースが早々に流れ落ちないように、粘性を高めたりしました。

まさに、生活スタイルの変化に対応して、「定番商品」までも見直すという、勇気ある施策でした。

次から次へとユニークな商品を投入しましたが、その中で特筆すべき商品は、「真鯛カツ〈愛媛県愛南町〉」の高価格商品を限定販売したことです。単品価格５３０円。

真鯛カツ

この商品は、養殖真鯛の生産量が日本一の愛媛県において、多くの飲食店の休業などを背景に真鯛が出荷先を失ったことへの支援というものです。その現実をお客さまにお伝えしながら販売したところ、商品の質の高さも支持を受け、あっと言う間に完売したようです。

「意味あり商品やエシカル商品は高くても受容される」…ことをこのケースから学びました。

モスの場合は、「変化対応力」の中心になるものはマーケットインとしての「商品開発力」で、これが「顧客開拓」に繋がっています。

③「心＋科学」の経営指針～お役立ちの心と変化対応力～

モス健闘の「ワケ」、2つめは、創業来の「経営指針」が継承され、実践されていたことです。

その基になるのが、モスの経営理念「人間貢献・社会貢献」（食を通じて、人と社会を幸せにする）です。それぞれのお店が存在する地域で、「お客さまに、美味しくて、安全で、健康に良い商品を提供し、お店で働くスタッフの善意や元気に触れて、心の安らぎや温かさを感じていただく」というものです。

そして、ここではその経営理念を受けて「経営指針」があることをお伝えします。この「経営指針」こそが、コロナ禍で健闘しているバックボーンになったものです。

その指針は「心＋科学」です。

心は「お役立ちの使命感」を意味しています。「明確な存在意義」として前述しました。

一方の「科学」ですが、サイエンスという意味に限らず、「変化対応」のあらゆる手立てを意味します。変化をいち早く感じ取って、速やかに対応する、フットワークの良い体質を重視してきたということです。

そのための商品開発もマーケティングもマーチャンダイジングもプロモーションも…創業

以来それらのことを総じて「科学」いう言葉で表しています。

この「科学＝変化対応」を大事にする「風土」が、この逆境下に「マーケティング施策」として発揮されたといえます。強みである商品開発や投入が矢継ぎ早に行われました。強みへの集中施策です。

そして「マーケティング施策」を後押ししてくれたのが、「人」の要素でした。

コロナ禍で店内飲食の機会が減っても、ブランドの指名を受けて、テイクアウトへのご注文を多くいただけた理由は、それ以前からいてくれた温かく優しい人柄のスタッフさんの存在でした。

「あなたが居るから安心。あなたから買いたい」。そういう購買動機のファン（固定層）を創造していました。まさに「ブランドは人の心から染み出るもの」。その気づきを新たにしました。

そのファンづくりの背景としては、モスではマニュアルはあくまで基本ととらえ、むしろ「脱マニュアル」を目指し、スタッフの「個性・人柄」をより尊重してきました。

接客面では、極端な「標準化」を避けて一人一人のお客さまの気持ちに寄り添うことを重視してきました。

④「モスの心」を具現化した「H・D・C」

H	Hospitality（ホスピタリティ）	心のこもったおもてなし
D	Delicious（デリシャス）	安全で高品質なおいしい商品の提供
C	Cleanliness（クレンリネス）	磨き上げられた清潔なお店

ＨＤＣの図

モスは現場のスタッフさんに、仕事の品質基準を明示しています。

それを「H・D・C」と言います。店舗の現場オペレーションに反映されるよう、理念体系である「モスの心」を具現化したものです。

どんなに変化対応のマーケティング手法が優れていても、それを具体化する「現場力」が未熟であると手法倒れになってしまいます。

どれも欠かせない要素ですが、昨今重要度を増しているのは、やはりホスピタリティ（Hospitality）の分野かと思います。

スタッフの皆さんが、ホスピタリティを発揮できる風土づくりこそがこれからのマネジメントでは重要です。そのマネジメントについては後述します。

「変化対応力」を高めるには意志決定の速さとフットワークの良さが重要であると先述しましたが、走る方向が間違っていては成果は生まれません。

１００ｍを９秒台で走れても、コースを逆走したりコース外を走ればメダルどころか失格です。走る方向を見失わないために理念があります。

モスの場合はそれが「Ｈ・Ｄ・Ｃ」です。見失わないよう、具現化しました。ボールを見失ったまま、それを気にせず走り回るサッカー選手は即交代でしょう。「存在意義」というボールをキープし続けるために、「変化対応力」を高めていく。

その実践が、我々にとってのマーケティングでした。

第２節　競争ステージの新たな変化と商品開発競争

①新しい競争概念と変化の加速

コロナ禍以前より、「競争」の概念が徐々に「変化」しつつあるように思います。それがコロナ禍によって加速しました。その「変化現象」を私の「学び」としてお話しします。

外食も中食（コンビニエンスストア）も、拠点確保すなわち出店競争によって自らの商圏を狭めていったように思います。オーバーストア現象が「狭商圏化」を加速させ、不毛な戦いを生じさせています。

そして、投資を早期に回収可能とするにはあまりにもハードルが高くなりすぎ、商いが短期間で成立しがたい様相を呈しています。堪えきれず大規模な撤退が現実化しています。

極端な見方をすると、競争相手を潰して顧客シェアを増やす作戦がなかなかうまく行かず、時間の経過とともにコストばかり増え、自らの首をも絞めてしまったと言えます。

当面の赤字を覚悟しても、競争相手から顧客を奪えば利益総取りで投資を回収できる…そのような戦略が通用しづらくなってきています。

コロナ禍の大幅な来店客数の減少がそれに拍車を掛けました。

また、単一のビジネスフォーマットで出店競争をやり抜くには、マーケットの変化が急激すぎました。マーケットが大きく減退すればシェアが高くても利益減となり、そしてコストだけは変わりません。

なお、商圏を絞った集中的な出店は「ドミナント戦略」とも言われますが、本来、この戦略は商圏内で顧客の支持を集めること、すなわち地域の人々のために「お役立ち」するという顧客志向の商いが前提となっているはずです。コロナ禍以前から、シェアの収奪だけに目を奪われ、誤ったドミナント戦略が広まっていた、と見ることもできるかもしれません。

ここから読み取れることは、「競争の概念」が、もはや出店競争でも売上高競争でもシェア争いでも無い、新たなステージを迎えているということです。

しかし、「成長」は企業にとって大事な戦略です。出店競争の時代では無くなったとはいえ、出店戦略そのものが無くなった訳ではありません。

時代とともにマーケットとしての魅力が低下した場所に見切りをつけ、新たに発展が望まれる場所への店舗移転が積極化しています。

各社共に、トータルの店舗数が横ばい、あるいは減少でも、出店の数を追うのではなく、発展を期待できる新たなマーケットを求め、投資効率が良いところへ店を移し、売り上げ・収益率を高めようとしています。

その煽りで、好立地の家賃が高騰し、好物件を所有する大家さんも現在のお店との契約更新の折に、家賃を大幅に上げ、それを支払える店舗に交代してもらうという、厳しい現実も起こっています。

そうなると、もともと構造的に収益率の低い店は、成長が期待できるところへの出店チャンスにも恵まれず、店を閉めざるをえません。ワークスタイルの変化でオフィス需要が減退する中、大家さんも収益獲得に躍起です。

このように、さまざまな面から「競争」のステージの変化を見てとることができます。

それに対応するための施策の1つとして、家賃をしっかり吸収できる、新たなビジネスフォーマットづくりに各社は真剣に取り組んでいます。この新たなビジネスフォーマットづくりも、競争ステージ変化の一面を示すものです。

②商品開発競争の激化

コロナ禍に前後して、商品開発競争も激化しているように思います。

外食・中食どちらの「変化対応策」も、中心になるものは「商品開発」です。「マーチャンダイジング」と言っている企業もあります。

前述のモスの事例もまさに「商品開発」に力点を置いたものです。

その商品開発について、最近起きている現象で見逃せない事象があります。これは最近にのみ、起こっている現象ではないのですが…。

「商品開発」には、とてつもない時間と費用と労力がかかります。全身を搾って知恵を出し、それをさらに搾り込む苦行です…。

単なるモノづくりとは訳が違います。それなりのプロセスを踏み、ターゲットにしっかり「刺さるモノ」を開発せねばなりません。その完成には、寝食を忘れて取り組むスタッフの厳しくも地道な努力があります。

開発力のある人材が社内外に確保されているかどうかも重要です。

最近の急激な変化は、商品開発に時間・費用をじっくり掛ける余裕を与えません。

かつてないほどのスピード感が求められています。昭和の「演歌」のように、一曲当たれば、長いこと歌われ続けるというような時代では無くなったということです。商品・サービスの寿命が本当に短くなりました。その変化に対し、手っ取り早い方法で、商品開発をする企業や店が出現しています。

ひとたび、ある企業の商品が有効性を持つと、後から先行商品を無効化するような同質化商品が生み出されます。マーケティング的に決して珍しいことではありません。

③模倣戦略

模倣戦略と言われるもので、これも1つの競争戦略です。

この現象は、時間と費用をたっぷりかけてオリジナルなアイデアを考えることがどれほど難しいことかを物語っています。

私がモスの時代に開発の責任者として手掛けた「モスライスバーガー」もまさにその模倣の対象かと思います。

1987年に発売したものですが、あれから約36年、立派に市民権を得ました。

無から有を生み出し、今日まで粘り強く育て上げたものですが、「お米」を使った類似商品がいくつかの企業や個人店でも発売されるようになりました。

企業のブランド力に永遠の保証は無く、それに甘んじてはいられない危機感がその背景にあります。

売れる商品を、いかに短期間で市場に投入するか、出来れば省エネで…無茶の上重ねです。その結果、他社が持つ有効性の高い商品をアイデアに取り込み、チャネル力やプロモーション力によって、短期間で優位に立とうとする戦略の選択に繋がります。

願わくは、ベンチマークするにあたり、無から有を作りだした「先達」への敬意を払った上で、さらに品質の優れたものの開発に努め、勝ち負けの視点だけではなく、その商品の社会的評価がもっともっと上がるような品質競争になれば、と願ってやみません。

この現象は、しばらく続きそうです。有効的な商品を作りあげても、すぐその後からそれを模倣した商品が続けて出現するということを頭に入れておく必要があります。

④競争すべきは「感性」へのリーチ力

ただ、恐れる必要はありません。

競争の側面だけで商品企画をすることでは無く、あくまで、その時代のターゲットのお客さまが求めているものをキャッチして、ひたすら・ひたむきにご満足いただける商品を開発すること…ここがブレていなければ、顧客の支持は変わりません。

競争すべきは、お客さまの「感性」へのリーチ力です。

遅かれ早かれ、商品が無効化の波にさらされても、それを開発したストーリーや開発者の「想い」はそう簡単には無効化できません。

モノ発想だけでは無く、開発ストーリーや開発者の苦労話がむしろ「価値」になる時代かと思います。

そこで、商品を販売する店（チャネル）では、スタッフがお客さまに直《じか》に「開発物語」をお伝えして、もともと言葉を持たない商品に言葉の息吹を与えてあげることが大切で、そこからお客さまの感性を揺さぶる「魅力づくり」をしていくことこそが、「真の競争」であると思います。

⑤チャネルについて

本節のテーマからやや逸れますが、前述フレーズの「商品を販売する店（チャネル）」について、若干の説明を加えておきます。

商品をどういう場で販売するかを決めることは、マーケティング戦略上、とても重要です。その売り場のことを「チャネル」といいます。マーケティングチャネルと称している専門家もいます。

創り上げた商品を流すのが販路ですが、チャネルは、お客さまに価値を伝え、価値を磨き上げる場です。チャネルには、大まかにオープンチャネルとクローズドチャネルの２つがあります。

オープンチャネルとは、売れるところならばどこでも売る販売形態。問屋流通に多く見られるものです。

同質化・価格競争に巻き込まれやすいのが特徴です。

クローズドチャネルは、自社が品質の責任をもてるところでしか売らない販売形態。

自社のブランド価値を自らが管理し、お客さまに価値を「じか」に伝える売り場形態です。

前述したように、スタッフがお客さまに「じか」に説明を加えることによって、言葉を持たない商品に息吹を与え、その価値（食べ方、使い方など）をしっかりお伝えする場です。「マイチャネル」とも言います。お客さまの顔を見ながら、商品価値だけでなく、人柄価値をも提供する場です。そこでしか売っていない独自商品の開発と販売が大きな前提です。同質化・価格競争に巻き込まれにくいのが特徴です。

⑥モスのマイチャネル「ＦＶＣ」

私の古巣モスは、クローズドチャネルの「マイチャネル」を選択しています。商品に強いこだわりを持つだけに、お客さまにその価値をしっかりお伝えできる売り場でなくてはなりません。モスはそれをリアル店舗（＝マイチャネル）で実現しています。出来合いのものを物販しているのでは無く、お客さまからご注文をいただいてからお店で一つ一つ丁寧に手作りをして提供しています。出来立てにこだわっています。

その提供の場である、モスのマイチャネルは、「ＦＶＣ（フランチャイズ・ボランタリー・チェーン）」方式として実現しています。

「ＦＶＣ」は本部と加盟店のタテの関係のフランチャイズ契約と、ヨコの関係であるボランタリーチェーン（任意の仲間組織形態）の双方の良さを生かし、本部からの直接的指導に加え、加盟店会（任意団体であるモスバーガー共栄会）による有益な体験を共有する情報交換会や品質向上運動、そして人材育成の勉強会などを積極的に行っています。一般的にフランチャイズチェーンの本部は、加盟店同士のヨコの繋がりは、本部への圧力団体になりかねないとして、認めていません。

モスはむしろボランタリーチェーンの良さを生かすことで、加盟店に自由裁量が増し、経営への本気度が高まり、お客さまへのお役立ち努力を最大化することから生まれる成功例を、全店で共有できることに価値を認めています。「ＦＶＣ」は加盟店同士の自浄作用も働き、良い意味での前向きな競争にもなっています。

そのことが成しえる背景には、創業時から、加盟店オーナーのリクルートには、かなり力を入れてきたことがあります。加盟にあたっては、モスの理念に心から共鳴できた方しか加盟できません。

品質・ブランドの価値を守るためです。経営に対する価値観、商品に対しての共感、人の大切さなど、何度も面談を重ね、確かめ合い、この方なら品質・ブランド価値をきちんと守れると目に適った方だけに加盟を許可しています。エリア戦略としてのドミナント戦略より、仮に非効率であっても理念共鳴者という人を優先した出店戦略（結果的な点の展開）を取ってきました。

フランチャイズ方式（契約）には、沢山のデメリットもあります。加盟希望者にはそれをオープンにお話しし、十分な理解を求めています。

また既存の加盟店オーナーを訪問していただき、直接オーナーから経営の実情をつぶさにお聞きするようお勧めしています。既存のオーナーさんにも、形式では無く、苦労話など実情を可能な限りオープンにお話しいただくようお願いしています。その上で加盟への覚悟の意志決定をしていただきます。

こういう価値観の共有プロセスを通して、加盟店として選ばれた方が同じ価値観の元で経営に携わっています。同じ価値観を持つ者同士が、前向きな情報交換や学びの場を持つことは、全体の価値を高めることに繋がります。加盟店会の組織「モスバーガー共栄会」の活動がブランド向上のために果たしている役割は大きいと言えます。このように他の一般的なフランチャイズチェーン本部と違い、モス本部は、加盟店同士のヨコの活動を積極的に支援し続けています。

⑦ユニークで独自性の高い商品こそ「マイチャネル」を

こうして理念に共鳴し、品質へのこだわりを強く持ったＦＶＣ加盟店だけのチャネルに限定（クローズド）しているからこそ、お客さまに価値を正しくお伝えすることができます。それがブランドロイヤルティにつながっています。

この「マイチャネル」の存在が、同質化・価格競争からは一線を画し、現場力の高い競争力を発揮できているものと思います。

特にスモールビジネスをされている企業は、苦労に苦労を重ね、他社には無いユニークな商品を開発されたところが少なくありません。ただ、そのユニークな商品をどこか売ってくれるところがないだろうか…と、受け身の販路づくりをされているケースが散見されます。そのユニークな商品がオープンチャネルに依存することによって、せっかく価値あるものが、価格競争の波に飲まれ、ブランド化しないうちに消え去るというもったいない現象が起きかねません。

ユニークで独自性の高い商品開発に連動し、ターゲットにしっかり価値をお伝えする直販の「マイチャネル」を創り、ここでしか買えない…という販売の仕方を提案することも、これからを生き抜く施策として重要です。それは価格競争に入らない、粗利をしっかり確保できるブランドに育てあげていくということです。

第3節 「絶品」は「失敗」と「スピード」から創られる

①コロナ禍に対抗した「商品開発」

コロナ禍は広範な食料不足を引き起こすことなく、食する物なら何でもよいという状態にはなりませんでした。日本人の「食文化」はしっかり守られており、巣ごもりの生活様式になっても「美味しいものを食べたい」というニーズは健在でした。在宅リモート化が進み、普段あまりキッチンに立つことの無いご主人が、家族へのサービスとして腕を振るうこともあったでしょう。

しかし、家庭内食だけでは飽きるので、美味しさに定評のあるお店のテイクアウトやデリバリーを利用される方も増えました。事実、外食産業におけるデリバリー市場の規模はコロナ禍が始まった２０２０年に急拡大しています。

市場環境の変化を受けて、外食各社は、既存の定番をさらに磨きつつ、また新しい商品開発も積極的に行いました。

オリジナル開発にこだわったところ、競合他社の有効商品をベンチマークし、味に違いを加えて同質の市場に打って出たところなど、アプローチの仕方はさまざまでした。手法はともあれ、私の印象では、チェーン企業・個店に至るまで、かつて無いほどの商品開発数だったように思います。コロナ禍は「商品開発競争」を促しました。

いわば、変化対応策の中心は、「商品開発」にあったと言えます。

②改善型商品と「絶品」

商品開発は顧客開拓につながります。

店内食からテイクアウト・デリバリーへと食のスタイルが変化するのを奇貨とし、普段あまり利用されない「非顧客」に刺さる新商品の提案も積極的に行われました。

もちろん、既存の主要顧客をつなぎとめるために定番のブラッシュアップをすることも盛んに行われました。商品そのものの本質を変えずに、プロモーションやCM、デザインの変更で価値の見せ方を変えたところもありました。これもまた新しい商品開発の一環に他なりません。

コロナ禍で提案された「新商品」を私なりに観察してみると、「後発としての魅力」付け

モスバーガー

に知恵を注いでいることに気が付きます。

　多くのケースは、自社商品であれ競合他社の商品であれ、既存商品の分析から「不（不満、不便）」を発見しその解決を試みた、改善型商品だったように感じます。

　それは既に存在する類似商品より低価格であったり、製造方法の一部を変えたり、パッケージやデザイン、ネーミングを変えたり、あるいはその複合でした。

　なかなか、本当の意味での、「無から有」という商品にはお目にかかれませんでした。

　それだけ、現在はモノがあふれ、無から有を生み出すことがかなり至難な時代になっていることを感じます。もちろん、改善型商品が悪いわけではありません。それも商品開発のセオリーの1つです。

ただ、現在に至っても不動のブランドとして社会的評価を得ている企業は、創業時に無から有の「絶品」を生み出したところです。

外食では、吉野家の「牛丼」、ケンタッキーフライドチキン（アメリカ）の「オリジナルチキン」、モスの「モスバーガー」などなど…先達の「天才たち」が心血を注いで開発したものでした。

いずれも既成概念を超えた「こんなの無かった！」と言わしめる驚きの「作品」でした。「一品絶品」のクセになる商品を開発して、口コミを主体に根強いファンを獲得していきました。

今や生活に密着したブランド、しかも世界ブランドになっています。先達のフロンティア精神と努力には頭が下がります。

③競争は進化のためのテキスト（教材）

今では、マーケティングの知識も商品開発の技術も、情報量も、ベンチマークの量も、その時代とは比べものにならないほど豊富です。

しかも、外食の黎明期のような一人の天才の知恵頼みでは無く、チームや組織でそれを担っています。そこから多種多用な商品が世に出されています。

しかし開発アイテムの数に比べ、かつてあったような強靭なブランドに育つ商品はほんの一握りです。

一旦、受容されても、プロダクトライフサイクル（商品の寿命）が短期のケースが散見され、早々に消える商品も少なくありません。

それでも食を担う企業は、厳しい生き残り競争を背景に、常に知恵をしぼり、お客さまの生活を豊かにし、快適にすることを目的に、ファンを増やし続けねばならない宿命と向き合っていかねばなりません。

競争は、無から有を生み出す可能性を秘め、創造的なイノベーションを起こす上で、必要不可欠な要素といっても良いでしょう。まさに競争は進化をもたらすための「必要不可欠なテキスト」のようなもの。

大いにそのテキストと向き合い、そして楽しんで、世界がその話題であふれるような絶品を開発して欲しいものです。

その過程での積極的な失敗は大いに歓迎すべきです。失敗を恐れずに市場に問うてみることが大事です。そして、開発チームリーダーの、失敗を「寛容」する度量も、開発者の挑戦心にエネルギーを与えます。

④失敗を財産に変える「寛容さ」

外食業における商品開発の成功確率は、よく「千三《せんみ》つ」と言われます。1000品の商品開発の内、市場で支持を受ける確率は3件程度という意味です。

私も商品開発を担っている時代、その現実と向き合ってきました。その確率に匹敵する、失敗事例を体験しました。開発途上では、すべての商品を成功させるべく、経験や知恵を注いで取り組むのですが、思うように行かないケースが多々ありました。原因はさまざまです。拙速もあり、慎重過ぎたこともあり、社内コンセンサス（合意）を得る上でのエネルギー不足もありました。失敗が重なると、自信を失い、周りの評価の目も気になり、チャレンジすることに腰が引けてしまうこともありました。

組織が小さく、トップダウンによる組織運営体制の時は、トップに直接、商品提案をして、プロセス報告も随時しつつ、最終の決断を仰げば、エッジの効いた商品のスムーズな市場投入が可能でした。

仮に失敗しても、トップの後押しが強いものは、失敗のレッテルが押されることは無く、むしろ恐れず、積極的に開発に取り組めました。

しかし、会社の成長と共に、組織体制が整ってくると、複数の中間管理職も存在するようになり、トップ判断を仰ぐまでのプロセス（理解・承認を得る）にエネルギーを使うことになります。

お客さまの「声を拾い」その上で「創造」したものでも、人間には好みがあります。好き・嫌いの要素が入り込みます。「これは売れない」という意見も当然出ます。

商品開発プロセスに関係する部署の多くの方に加わってもらい、そのストーリーを理解してもらい、皆が発売と当時に「広報マン」になってもらう狙いもありますが、一つ一つの意見（特に味）に耳を傾け、それを少しでも反映しようと試みると、いつの間にか、当初のコンセプトからズレていき、誰のための商品なのかがぼやけて、その内、遅きに失してしまうこともあります。

しかし私の場合は、創業者や上級役員から「失敗を恐れるな！大事なことはお客さまの求めるものを開発すること。それを信じて積極的にチャレンジしなさい！」ということを言われ続けていたので、周りの意見（時には否定論が占めることも）には耳は傾けるものの、トップの感性を重視しながら、それを後押しにして、開発にエネルギーを注いでいきました。

もちろん、トップからお墨付きをいただいた商品でも、失敗した例はありました。

「積極的な失敗は、失敗では無い。むしろ財産としよう！ダメなことは、組織を忖度する会社人間になって、評価を恐れ、果敢に挑戦しないこと。そういう風土にしてしまうことだ。」

私は、そういうトップの「寛容さ」に支えられました。挑戦へのエネルギーをもらいました。

⑤ニーズの「旬」は待ってくれない

あらためて、商品開発で大事なことは、市場のニーズや時代が求める「旬」へのリーチを目論み、エッジを効かせた個性的な商品は、早いうちに市場で試してみることです。組織への「忖度」ではありません。失敗を恐れるあまり、事前の検討を重ね過ぎてしまうと、エッジが削られ、真ん丸で特徴を失った無難な商品になってしまい、市場に投入する時点で「旬」を失っている場合があります。そして、小回りの利く他社に先んじられていることが往々にしてあります。

『孫子の兵法』の作戦篇に「兵は拙速なるを聞くも、未だ巧久なるを睹《み》ざるなり」という一節があります。意味は、「作戦に問題があっても速戦即決で勝ったケースはよく聞くが、上手な作戦で長期間戦い続け成功したというケースは見たことが無い」。

趣旨についてはさまざまな解釈があり、また、事業規模が大きくなるほど入念な長期戦略も必要となるかとは思いますが、「早（速）さ」が勝利に資する大きな要素であることに異論は出ないでしょう。

また、トップやリーダーにも、失敗を恐れず、意思決定のスピードを上げ、市場の声を素早く拾う行動が求められます。企業側が新商品を投入するなどアクションを起こさなければ、市場は声を発してくれません。

市場にアプローチし、その反応を真摯に拾い上げ、組織内の共有知とすることで、「無から有」の可能性が見えてきます。「無」とは市場のニーズが分らない状態で、「有」とは見い出したそのニーズを具現化したもの、と言えるかもしれません。

⑥「創る」と「聴く」の両輪で「絶品」を走らせる

商品開発とは、「創る」と「聴く」の両輪で成し遂げられるものです。

「創る」を急かし過ぎるのは推奨しませんが（もちろん無駄に間延びさせるのもＮＧですが、急かし過ぎると〝無難なもの〟が出てくる傾向があります）、いざ商品が出来上がったら、ここからはスピード勝負。早い投入で市場に問いかけ、いち早く市場の声を把握し、情報として整理し「創る」側にすぐにフィードバックすることが肝要です。

ここでの「素早く聴く」行動が「市場提案の先行」であり、そして「市場提案の先行」こそが、ブランドを創造する上で最重要なことだと考えます。

私は沢山の失敗をした1人です。失敗の達人だったかも知れません。けれども、そこから多くのことを学びました。財産になりました。

その財産の1つが、1987年に私が開発責任者として、無から有を生み出した商品「モスライスバーガー」です。モスが和風バーガーブランドとして大きく評価を高めた商品です。無から有を生みだすことの苦しみをたっぷり味わった半面、商品開発の醍醐味も味わいました。

エッジの利いたユニークな絶品をいかにスピードを上げて市場に投入するか、そして先発優位としてのメリットをいかに享受して、競争優位の立場を一早く確立することができるかが重要です。もちろん、今まで世に無い商品の開発は失敗の連続でもあります。

しかし、そのスピード感や、失敗を恐れないチャレンジ姿勢から、絶品が創造されるものと思います。

まさに「モスライスバーガー」もスピードと失敗の連続から生まれた絶品です。

この「モスライスバーガー」の開発の背景などは、次の節でご紹介いたします。

第４節　「正しい価格」について

①その価格に「納得」はあるのか？

最近、ご存知のように、値上げラッシュが続いており、「価格のあり方」がクローズアップされています。

各社の値上げは、果たして本来の顧客の「お値打ち感」を考慮してのことでしょうか。難しい判断です。あえて批判を恐れずに申しあげるならば、必ずしもそういうことでは無く、むしろ原価やコストの急激な高騰による減益や赤字を回避するために止むを得ず踏み切った値上げだったと思います。

国際情勢の激変による原料費・燃料費などの異常な高騰。そして急激な円安。誰がこの危機を想定したでしょう。

マクロ分析は専門家の方々にお任せするとして、その変化の煽りを受けた、食関連の昨今の「価格政策」をどう見るか、そこを考えてみたいと思います。

適正な値付けに、セオリーはあるのか…多くの専門家の書物をみても、極めつけの答えを見出すことが出来ません。今、価値と価格のバランスが崩れています。これが正直な感想です。

切羽詰まりの価格政策です。当面は、各社とも第2弾、あるいは第3弾と、企業防衛のための値上げは続くものと思います。お客さまの節約意識もさらに高まり、本当に価値ある物しか売れない現象が起きてくるのでは無いでしょうか。それだけに、価値ある商品の開発はもちろんのこと、「納得感のある値決め」が重要になってきます。

②顧客不在の価格政策がもたらす不透明感

「価格の決め方」、つまり「価値と価格のバランス」の取り方は本当に頭の痛い難問です。ここでは、「なるほど!」と腹にストンと落ちるような妙案をお示しすることは難しいと思いますが、私が学んだ「一般的な価格の決め方」と私の拙い経験による、価格決定の切り口をご紹介します。

皆さんがこれから「値決め」を考えるにあたっての何がしかのヒントになれば幸いです。

前述したように、昨今の値上げラッシュは、赤字回避の企業防衛策に思えます。消極的側面です。

おそらく、決め方は、「原価＋適正利益」が軸になっているように感じます。

この値上げは、生活者にとっては到底「納得」できるものでは無く、経済情勢を鑑み、致し方無く受容しているに過ぎないと見ます。企業への同情もあろうかと思います。

本来の価格は「お値打ち価格」であり「納得価格」であるべきです。

昨今の値付けは、商品の絶対価値に見合うものとは言い難く、しかも幸せを提供するどころか、生活を苦しめるものになっています。

日本の食の歴史の中で「価値と価格」がこれほど課題を投げかけたことは無かったと思います。相談の件数も増えています。しかし力不足で、歯切れの悪い返答に終始しています。

現状の価格政策は急場しのぎであり、決して、各社の理念に沿うものでは無いと思います。

何故なら「顧客不在」の対処療法だからです。いずれ、価格政策も原点に戻る日が来ることでしょうが、すでに値付けされたものが、元の価格に戻るかどうかは、まったく未知数です。

③価格は経営者の「哲学」「感性」を映す鏡

ここでは、「値決め」の原点（意味）を考えてみましょう。

いきなりですが、価格の決定は経営者の「哲学」の現われと思っています。「価格の決め方」には公式で解けるようなセオリーがありません。

あるのはお客さまが「なるほど！この商品にしてこのお値段！」と納得できる瞬間を創り上げた時です。

これは経営者の「哲学」「感性」のなせる技に他なりません。

もっと言うと、経営者の「価値観」「商いをする意義」に基づくものです。

お客さまは、商品の品質そのものの価値とベネフィット（商品・サービスから得られる利益・効用）と価格を天秤にかけて、買うかどうか判断します。天秤が釣り合ったところからが「納得の価格」で、品質とベネフィットが重くなるほど納得感が増していきます。

ベネフィットとはお客さまにとっての利益・効用と書きましたが、単に商品・サービスが役立つかだけではありません。そこから得られる「付加価値」（利益・効用）のことを指します。

例えば、

・アデランスは「私たちが増やしているのは笑顔です」……その笑顔を
・ヤナセは「クルマはつくらない、クルマのある人生をつくっている」……その人生を
・モスは「食を通じて人を幸せにすること」…その幸せ感を

それぞれがベネフィットとして、提供しています。

ベネフィットは、ブランドへの信頼感、お店やスタッフへの好感度なども含まれ、その部分は経営者の「価値観」に根差した「商いの意義」へのお客さまの共感から生じてくるものです。それだけに、最終の味（商品の本当の質）と価格の決定は、トップ（あるいはトップから指名された代行者）の最も重要な仕事の一つだと思います。

そうは言っても、味はともかく価格を勘と度胸だけで決めるのは危険です。

④価格決定の４つの方式

先ほど、「価格の決め方にセオリーは無い」と述べましたが、その判断をサポートする「一般的な価格決定の指針」はあります。やや教科書的な話になりますが、それをご紹介します。

価格決定の指針には、一般的に次の4つの方式があります。

1．原価積み上げ方式

・原価（材料費やその他のコスト）に適正利益を上乗せして、価格を決定する方法。
・売り手側の経営事情が優先される方式。
・欲しいモノが不足している時に有効。

2．需要モニタリング方式

・需要が細分化され多様化される時代にあって、顧客の声（希望価格）を参考に決定される方式。
・試食会での価格アンケート、テストマーケティングなどでの反応を調査し、適正な価格を探る方式。

3．ライバル商品参考方式

・ライバル社の最も売れている商品と価値を比較し、狙いどころ（ターゲットなど）のポジショニングを決めて競争優位性のある価格に決める方式。

・自社の「強み」も考慮に入れる。

４．モノ以外の要素を加味する方式

・「付加価値」になるもの、共感性、納得感、エシカル性、プレミアム感、ストーリー性などのモノ以外の要素を加味して決定する方式。
・「高くても買いたい」の実現を目指すもの。

ここから1つ指針を選ぶ、というものでは無く、それぞれの方式を複合的に検討して、価格決定するというのが、価格の基本的な決め方です。

その時代ごとの経済環境や提案商品の競争ステージ、あるいは希少性など、さまざまな分析によって、売り手の販売したい希望価格と買い手の買いたい希望価格の双方の「納得の価格」ゾーンを把握（モニタリングや試食アンケートなどによる）し、着地点を見出して決定します。

説明するまでも無く、売り手は、出来るだけ「粗利」の高い値付けをしたいもの。

それには、「商品の独自性・差別化」によって、買い手にはっきりと「お値打ち感」を実感してもらう必要があることは論を待ちません。

「そ～来たか～今まで無かったな～」と、思わず感嘆の声を上げていただくような、商品開発がまずは求められます。そして、今の時代、品質などモノ要素と併せて、商品にまつわる心揺さぶるストーリー等の「コト要素」も価格を構成する重要な要素になってきました（モノ・コトに加え、「今そこでしか買えない」というようなトキ要素も注目されはじめています）。

⑤モスライスバーガーの価格決定プロセス

教科書的な話はこれくらいにして、私の体験事例をお話ししましょう。大分古い話で恐縮ですが、勝手ながら、今だに色あせない参考事例だと思っております。

１９８７年に発売した「モスライスバーガー」の事例です。

私は開発の責任者として取り組みました。この節は、その商品の「価格決定のプロセス」の事例紹介が本題ですが、その前に、開発の背景や経緯についての概要に触れておきます。

当時は、デフレ基調で、外食・小売り業界は、「価格破壊」の波が押し寄せ、「価値」というのは、価格重視政策（安売り）か品質重視政策かを多くの企業が選択を迫られた時代でした。

価格破壊の売り方は、一時的に売上が上がるものの、体力の無い企業にとっては、自らの首を絞める、命取りの施策に等しい手法でした。モスはそこを絶対避けねばなりません。

価格破壊の波に飲みこまれず、独自の路線を維持し続けるには、おのずと「品質重視」の政策をとることが必然でした。独自性の高い、品質重視の商品開発に力を注ぎました。

創業来、得意分野として来たところの強みをさらに深く追求して、モス独自の市場開拓路線を推進し続けていくことが競争に負けない戦略でした。

その当時の商品開発コンセプトに、時代の変化に対応した高品質な商品を開発する、既成概念を超える商品開発をする、余剰素材を発見しそれに付加価値を付けた商品開発をする…などがありました。

初代「モスライスバーガー（つくね）」

丁度その当時、米余りや米離れ現象が社会問題視され、農水省もこの課題に積極的に取り組んでおりました。モスの創業者（故櫻田慧《さとし》氏）にも、米の消費拡大について相談がありました。

ある日、創業者が私に突然切り出されました。「米を使ったハンバーガーを作ってみてくれないか。その研究をして欲しい」さらにこう付け加えました。「今、米余り現象になっている。背景には最近の若者の米離れ現象がある。一方、ハンバーガーは若者に人気だ。米をハンバーガーのように手軽なものにしたら、食べてもらえるのじゃないかな？」それが開発のきっかけでした。

まさに時代変化への対応であり、ハンバーガーはパンとパティ（お肉）と野菜とソースの組み合わせとばかり思いこんでいた、その既成概念を超えるものであり、さらに余剰素材を発見しそれに付加価値を付けるという、当時の開発コンセプトに沿うものでした。

パンの代わりに、ライスプレートを開発しました。崩れないように仕上げる研究は困難を極めました。

和風ハンバーガーとしてブランド認知をされていた強みを生かし、つくねを主体にインゲンや玉ねぎのソテーをライスプレートに挟み、和風味に創りあげました。初代モスライスバーガー（つくね）です。

若者がハンバーガーと同じように、手で持って食べやすいように、ワンハンドグルメ化しました。

いわば、米の食べ方を変化させたものです。その結果、若者だけでは無く、さまざまな客層に支持をいただきました。

大雑把ですが、これがモスライスバーガーの開発背景と経緯です。

この商品によって、アメリカ型のファストフードを日本的食に置き換えて来たモスの独自ブランドがさらに認知される結果となりました。


本題に戻ります。

あらためて、モスライスバーガーの価格決定のプロセスについてお話しします。

結果的に、２８０円（当時）に決めました。その切り口をお話しします。

前述の４つの方式に沿って説明します。順番は当時検討の優先度が高かったものからです。

1．独自価格の設定 「需要モニタリング方式」

・今まで世の中に無い商品であり、パンを米に変えるという既成概念に捉われない画期的アイデアであっただけに、比較する類似商品も無く、独自価格を設定しました。
・原価積み上げ方式で考えると、売りたいゾーンは３００円でした。しかし、モニタリングや試食アンケートによると、買いたいゾーンは２６０円～２８０円でした。

2. ライバル店の人気商品との比較　「ライバル商品参考方式」

・まだまだブランド力が弱い中にあり、ブランド力の高いライバルの一番人気商品より、お値打ちゾーンを狙うことにしました。

・当時、マクドナルドのビッグマックは（パティ2枚使用）420円。素材の米に共通する商品を持つ吉野家の牛丼（並）は370円でした。

3. 適正な粗利　「原価積み上げ方式」も考慮

・米は当時、余剰素材でした。

・余剰素材に目を向け、それに付加価値を付けることによって、しっかりとした粗利を確保する。これも価格政策としては見逃せない視点でした。

4. モノ以外の要素も加味する

・社会課題の一つである「米余り現象」への解決提案。意外性のある商品。

・他社が簡単には追随出来ないと思われる商品。

・初めて世に出すにあたり、開発ストーリーを伝えることで定番のモスバーガーよりいくらか高めの値段設定にしました。

・ベネフィットは、従来、「非顧客」であった中高年層の選択メニューが増えて、家族でファストフードを楽しめる、新たな生活シーンを提供できたこと。

⑥基本原則はV（価値）＝Q（品質）／P（価格）

基本原則、価値（Value）＝品質（Quality）／価格（Price）を念頭において、値決めにあたりました。

こうして整理してみると価格が簡単に決まったように見えますが、実は悩みに悩んだ末の値決めでした。商品の独自性を強みにして、上記４つの方式と基本原則を考慮しながら、従前の定番品よりやや高めの設定と致しましたが、それが結果的に、価値と価格の値ごろ感を実現し、「刺さる価格」の評価を得ることが出来ました。

ただ、昨今の社会全体における「値上げ」ラッシュは、この基本が崩れています。残念なことです。

お客さま視点で見た時に、多くの商品の価格が価値に見合っていないように思います。異常事態です。売り手側の苦しい事情をお客さまに転嫁して負担を強いています。

価格政策を含めたマーケティング活動のすべては、お客さまに「幸せ感」を提供するため

ポジショニング図（筆者作成）

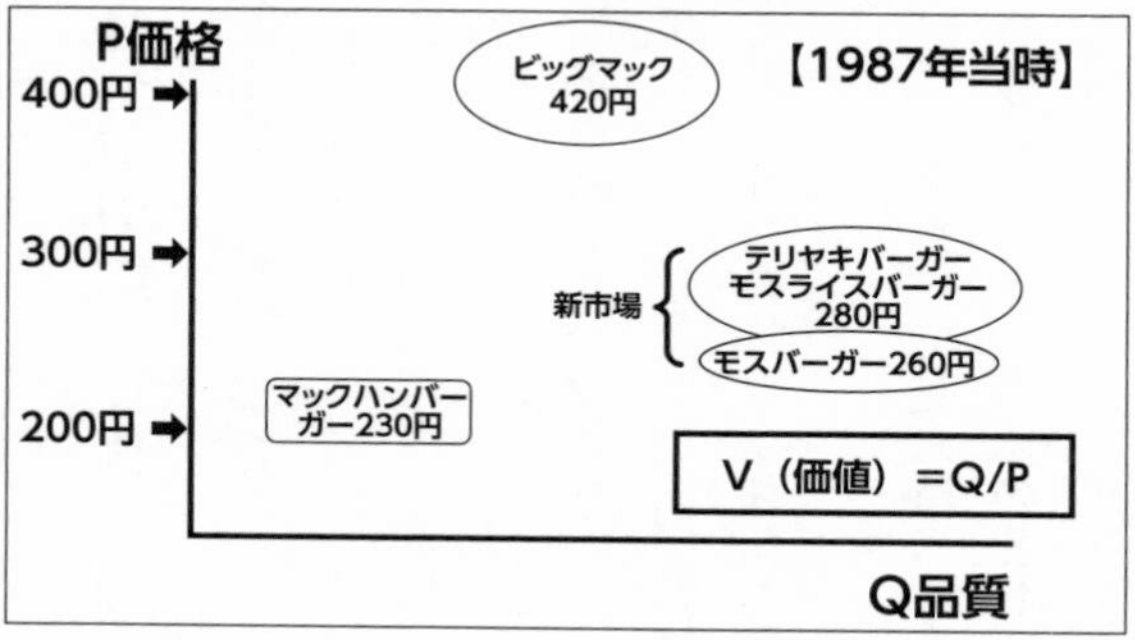

にあり、その対価として会社の利益があるのです。あくまで、お客さまの「ベネフィット」ありきです。そこを忘れてはいけません。売り手側も無理な値上げをすることを望んではいないはずです。

会社存続上、止むを得ない、現実的に苦しい判断を強いられているものと思います。

このような事態が、恒常的にならないよう願うばかりです。一日も早く国際情勢が安定し、世界的な食料の安定供給を取り戻し、エネルギーコストも下落するよう祈ってやみません。そして、「価格政策（値決め）」が顧客満足を高めるための、本来の健全な手法に戻れるように、心から願っている一人です。

ところで、さまざまな品が値上げされるのに対し、批判の声、容認の声、さらには励ましの声まで、お客さまの反応も実にさまざま、と感じられたことは無いでしょうか？

この差異は、ひとえに「納得」のゾーンの差異の現れだといえます。

やむを得ず値上げをする場合、当然ながら、値上げの理由を正直かつ丁寧に、お客さまに伝える広報活動が必要になります。その成否で「納得」のゾーンが広がりも狭まりもしますが、正直かつ丁寧な姿勢がその時だけのものだとしたら、お客さまの納得にリーチできるでしょうか？

値段は変えても「お客さまにとってのお役立ち」を意識する姿勢は不変でありたいものです。特に人の心から染み出る情緒的価値が価格を超える重要な要素として求められています。抗えない苦境であることは重々承知していますが、この先もいつまた、どのような危機がくるかわかりませんから。

第５節　価値を創造するマーケターの資質と心構え

①「マーケティングとはお客さまへのお役立ち競争」

そもそも「マーケティング」とは何でしょうか。

その「定義」は、「商品やサービスが売れるしくみづくり」とか「顧客の欲求を満たすために企業が行うあらゆる活動のこと」などなど…マーケティングの専門書を開くたびに、さまざまな表現で書かれています。良い悪いでは無く、どれも的を得ていると思いますが、私なりに「心にストン」と落ちる「定義」は、「マーケティングとはお客さまへのお役立ち競争」（三浦功著『地域絶品づくりのマーケティング』中央経済社）です。とてもシンプルで、米に例えると〝精米度〟の高い表現と言えます。

特に、品質だけでは無く、情緒的な価値が求められる時代にあって、心の満足にもリーチできる活動がマーケティングであり、この定義はその点も包含しているように思えます。

あらためて、本書での「マーケティング」の定義を、「お客さまへのお役立ち競争」として、今までも、これ以降も使っていきます。

この「お客さまへのお役立ち」のあらゆる活動が、マーケティングにたずさわる者の役割ととらえ、その役割にたずさわる人たちを総称して、「マーケター」とお呼びします。

②マーケターに必要な感性～「気づき力」「デザイン力」「編集力」～

ここからは、マーケターの「資質・心構え」として求められることは何か、という視点で、シンプルにお話ししてみたいと思います。

マーケターの資質で大事なことは、顧客志向の「感性」です。感性は「価値創造」の源になるものです。その感性に実効性を持たせるための要素は、「気づき力」「デザイン力」「編集力」であると思います。

「気づき力」はモノの見方、感じとる力です。ただ漠然とモノを見ていたのでは何も備わりません。「創造力」を発揮するマーケターの感性磨きに休みは無く、「気づき・ヒント発見」に頭も心もフル回転です。大事なことは、いつもテーマを忘れないことです。今、自分が取り組んでいる仕事（例えば新商品の開発）は何か？そのテーマ（課題・カテゴリーとも言います）を片時も忘れないことです。

そう言って、「休日まで働けと？」と身構えさせてしまったらすみません。言うまでもないことですが、感性とは労働を主目的として備わっているものではありません。

人間をかたちづくる要素の一つであり、感性は喜怒哀楽の感情の根っこであり、生きる上でのすべてのシーンで作用します。労働はそのうちの１シーンでしかありませんが、優れた感性が仕事の質を高める主要素となるのもまた事実です。また、取り外したり意識的に機能停止することも出来ず、ずっと内在し作動し続けます。自分が自分で在り続けることに休みは無いはずです。

ですから、どうせ動き続けているものなら、良い動かし方をしましょう、という提案です（感性を磨けば生き方全体の質が上がると確信しています）。

気づき力で感じ取ったテーマを見える化していくのが「デザイン力」です。

「美味しい」「健康的」「お値打ち」「ルックス（ボリューム）」など、お客さまが商品に期待されるであろう姿を見える化していく力です。「美味しい」一つ取っても、甘い、辛い、酸っぱい、濃厚などなど、表現や魅（見）せ方は無限です。どう魅せるかです。いわば「デザイン力」は、今まで体験し磨いてきた知恵や知識を駆使して、お客さまに伝えたいこと（＝イメージ）を「見える姿（カタチ）」にする力です。

商品設計に該当するものです。

一方、「編集力」は、「デザイン力」でイメージしたものを、実際の「モノ」づくりにつなげる力のことです。

ターゲット層が満足する味覚づくり、そのための調理方法、素材の最適組み合わせによる「味の妙」づくり、ルックスを良くするための素材の選択や手間のかけ方、さらには食材の調達や生産、安定供給体制なども「編集力」にはかかわってきます。

極論ですが、魅力あふれる「デザイン」の商品であっても、もしそれがチェーン店において「1年に1個しか作れない○万円もするハンバーガー」のような結果になるとしたら、それは商品として失格で、編集力不足と言わざるを得ません。「編集力」は商品化に欠かせない力です。

「デザイン力」「編集力」は後先の順番の作業では無く、「気づき力」を受けて、同時並行でなされるのが一般的です。

しかも具体的な「味の妙」づくりや「適正な価格」設計、ルックスの見せ方などでは、明確な区別の無い重複する作業（力）でもあります。

③日常の「気づき」を自分カテゴリーに落とし込む

さて、テーマの話に戻ります。

どんな切り口にしたらよいか…あるいは開発テーマは決まっているが、壁にぶつかり突破口を見出せ無いでいる時…状況はさまざまかと思います。

それが自身の向き合うべきテーマ（課題・カテゴリー）にあたります。そのテーマを踏まえた上で、沢山の情報をシャワーのように浴びてください。

ヒントを探す旅です。ベンチマーク（参考になる他社事例）を探すのも、旅行など国内外を歩きまわるのも、経験者の話しを聴きに行くのも、本を読むのも、すべてが情報のシャワーです。

あるいは、普段の生活の中にもそのヒント（ベンチマーク）があるかも知れません。

恋人の買い物に付き合ってみるのも、家族での会食の時も、友人とのさり気ない雑談も……どれも情報を浴びるチャンスです。「違い」や「変化」あるいは「共通点」など、見聞きした内容にどのような特徴があったかに関心を持って、行動の量を増やし、モノを見る・感じる機会を増やすことが大事なことと思います。どのような店がどのような客層に支持されているか。それは何故か…それを観察しながら、どのターゲットを狙うのが良いか、その人間観察も必要です。

家族サービスの楽しい時間を過ごしながらでも、ヒント発見は可能です。

心を窮屈にせず、感性磨きの自己鍛錬を楽しむことです。その過程できっと良い「気づき」に出会えるはずです。

「デザイン力」や「編集力」は、「気づき」を通して、メインテーマを見出してからでも良いと思います。もちろん並行して考えるのも良いです。

④「デザイン力」に火がついたロースカツバーガー開発秘話

ここまでの説明だけでは分かりにくいと思いますので「気づき力」「デザイン力」「編集力」について、私の体験事例をご紹介したいと思います。

１９８９年９月に発売された「ロースカツバーガー」の開発事例です。

ロースカツバーガー

私が商品開発の責任者としてこの開発に取り組みました。

その２年前に発売された「モスライスバーガー」と時を同じくして、経済環境はデフレ期でした。

この時期は、特に外食・小売りの業界は価格破壊が進んでいました。

モスは価格競争には一線を画し、ひたすらお客さまの求める、美味しいものを創造する生き方を貫いていました。その背景を踏まえて開発されたものです。

「ロースカツバーガー」開発のきっかけは、既存のハンバーガーのカテゴリーには、牛肉や鶏肉を材料として使用した商品があるものの、豚肉使用の商品が少なかったことです。

素材のもう一つの柱を立てて、多様化するニーズに選択肢を増やしてファンを増やす…それが喫緊のテーマでした。特にヤングの男性客をターゲットにしました。その「層」のための、「価値創造」への挑戦です。発想のきっかけは、創業者（故櫻田慧氏）と、トンカツの美味しい店の話題になった時です。

創業者と私は、同じ日本大学経済学部の出身（ゼミの15年先輩）で、水道橋のキャンパスの前にIという行列の絶えない、トンカツの大人気店がありました。その話題になりました。美味くて、安くて、草履のような大きさがあって、メニューはロースとヒレの2種類だけでした。

ほとんどが男性客で、キッチンにいるご主人とスタッフはただ黙々と作り、お客さまも会話無く、今流の「黙食」でした。ただただ「美味しい」店でした。

二人でこの店を懐かしく話している時に、日頃の開発テーマと重なりました。ほぼ同時の感覚だったように思います。

「これだ！　これをハンバーガーに置き換えてみよう！」

「気づき」と同時に「デザイン力」にも火がつきます。

それからというもの、あらゆるトンカツ店の食べ歩きをしました。豚肉の質、ソースの相性、キャベツの量や切り方まで、調べあげました。そうしてモスらしい「トンカツバーガー」のイメージを創りあげました。

続いてトンカツバーガーに最適な「味の妙」づくり、いわば「編集」に取り組みました。行列が出来る店に負けない味づくりのために、まずは豚肉の研究をしました。

N大学で畜産を学んだTさんにその研究を任せ、N食品製造メーカーとの共同開発に入りました。

結局、ロースカツを採用することに決めました。若い男性には、ヒレより脂身のあるロースが人気で、コストパフォーマンスが良いというメリットもありました。

商品のルックス、見せ方の「デザイン」においては、ボリューム感でインパクトを与えました。

キャベツを〝どっかーん〟と入れ、専門店に負けないくらいのお値打ち感を出しました。

味の決め手として重要なトンカツソースはロースとの相性が良く、濃厚で後口が良いものに仕上げました。

「ロースカツバーガー」とストレートなネーミングにしました。

初めから利益を考え原価を絞ることを優先するのではなく、まずはお客さまにとっての「お値打ち品」の創造に集中しました。次に、お買い求めやすい価格設定（当時280円）をして、その価格の中で、美味しさとボリュームを維持しながら適正な利益を確保するためのコストを徹底的に洗い出し、調整を加えて行きました。まさに「編集力」が問われました。

結果、このロースカツバーガーは、ヤングの男性にとっては、トンカツ専門店に行かなくても、それに匹敵する品質のものを、手軽な「ワンハンドグルメ」として楽しめる「便宜性」「独自性」と、不足がちの野菜（キャベツ）をがっつり摂れる魅力、そして、ボリュームの割に、価格も専門店のほぼ半額と言ったもろもろの「価値」が支持され、人気商品の一つになりました。

まさに「デザイン力」「編集力」がなした成果です。

⑤沢山の情報から知恵の果汁を搾り出す

開発商品においてのマーケターの役割の一つは、お客さまが買いたくなるような理由を与えてあげること。美味しさづくりの「編集力」はもちろんのこと、見せ方の「デザイン力」もそのために、必要な資質です。感性の豊かなマーケターはそれを自分一人で担うかも知れませんが、それぞれに得手・不得手があります。不得手な部分は得意な者に任せることです。

その分野に強い外部のプロにアウトソースすることも良いでしょう。マーケターはチームプロデューサーでもあります。

このロースカツバーガーの事例で学ぶことは、もし、テーマを持って過ごしていなければ、単に美味しいトンカツの店の雑談で終わっていたことでしょう。

やはり、普段からテーマを持って、うんうん唸りながら、真摯な態度で創造する仕事に向かっていれば、過去の体験にしても、普段の生活の中で浴びている情報にしても、無駄なことは一つも無いことに気づきます。

何気無い普段を、常に、「感性磨き」のための学ぶ機会と捉えるか、見過ごすか…

そのマーケターの「心構え」が「気づき力」「デザイン力」「編集力」に大きな差を生むように思います。

情報をたくさん浴びて「インプット」を増やし、それを具現化する「アウトプット」としての知恵につなげていく繰り返しが、マーケターの資質を磨いていきます。

過小なインプットから搾り出すアウトプットは薄いものとなりますが、インプットが多くても搾り方が粗ければアウトプットには不純物が多く混ざります。

インプットから「気づき」が生まれ、「デザイン力」「編集力」はインプットを丁寧に搾り、良質のアウトプットを生み出す力、と言えるかもしれません。

情報が頭に満たされ、それを実践し、やり抜くマーケターが組織やチームにどれくらいいるかによって、お客さまにとって必要とされるお役立ちのブランドなれるかの成否が決まるものと思います。

第2章

顧客志向マーケティングを支える ホスピタリティマインド

第1節　ホスピタリティを生むマネジメント

①情緒的価値・人柄価値を紡ぐホスピタリティマインド

「はじめに」に、これから生き残っていく店・商いにとって重要なことは「情緒的価値・人柄価値」の存在であり、それらは「ホスピタリティマインド」から生じると記しました。

コロナ禍の逆境期にあって、「無くてはならない」という「称号」を得た店・商いは、この「ホスピタリティマインド」が、現場のスタッフから染み出て、お客さまのハートを射止めたところだというお話しもしました。

「ホスピタリティマインド」のあふれたお店には、スタッフのワクワク感・イキイキ感があります。

お客さまのお役に立ち、喜んでいただくことに、大きな「誇り」を持っています。

逆境にたくましく生き残っていく店・商いに共通するものとして、「変化対応力」風土があることもお話ししましたが、それと同様に、「ホスピタリティマインド」風土の存在も見逃せません。

この章では、「ホスピタリティマインド」が店・商いに根付く「風土」について、人の気持ちを動かす「マネジメント」との関係を含めて、考えてみたいと思います。

その前に「ホスピタリティ」について、私流の定義をお伝えしておきます。

それは、「〝その瞬間〟にためらい無く実践できる、心温い良い行い」です。

②「お客さまに困ったことがある時は、手を差し伸べるのが当然」～空港での出来事～

ある体験事例のご紹介から始めましょう。

1月の寒い朝、私は羽田空港から新千歳空港へ向かうために、保安検査場の前におりました。出発まで余裕があったので、通路に簡易設置されたテーブルで軽く朝食を摂っていました。少し離れたところに、ベビーカーに1歳半くらいのお子さまを乗せ、そのハンドルを右手に持ち、左手には、コーヒーが入った紙カップをお持ちの若いパパがおりました。時々、熱さに気を付けながら、コーヒーを口に運んでいました。きっとママはお化粧室にでも行ったのでしょう。

お子さまはややぐずり気味でした。何かの瞬間、そのパパは、左手に持っていたコーヒーカップを落としてしまいました。幸いにもお子さまもご自身も火傷などは無さそうでした。床にこぼれたコーヒーが広がりました。何か出来ないものか…私は「大丈夫ですか？」と気遣いつつ、ポケットからハンカチを出したものの、とてもそれでは間に合いません。若いパパもベビーカーを手放して、床を拭く分けわけにはいかず、困り顔でした。

私が、空港のスタッフにヘルプをお願いしようとしていた矢先、沢山のペーパータオルとビニール袋を携えた若い女性がさっと現われ、手際良く、しかも、笑顔で、拭き掃除を始めていきます。そのパパは、しきりに彼女に「すみません、すみません」とお詫びしていますが、ベビーカーを放せません。

その女性は、「ご心配なさらず、お子さまを見ていてください」、そう「笑顔」で応じます。ほんの数分で、保安検査場前のフロアが綺麗になりました。往来が激しい中、すばらしい手際の良さで、汚れたペーパータオルをビニール袋にさっと入れ、「職場」に戻っていきました。

「職場」は保安検査場の向かいにある、お土産菓子店の「ザ・メープルマニア（運営会社：株式会社シュクレイ）」でした。行列の出来る人気店です。

「すごい！」感動した私はお店のカウンター越しに、その女性（ネームにFさんとありました）に、

「素晴らしい行動をみさせてもらいました。なかなか出来ることではありません。本当に感心しました。先ほどのコーヒーはお宅のものだったのですか?」

そう訊いてしまいました。

「いえ、私どもは、お土産店でして、ドリンク類の扱いはありません。」

Fさんの言葉に「え?」と私。その表情を見て、すかさずFさんからものすごい応えが返ってきます。

「たとえ原因が私どもの扱い商品で無いにしても、この空港をご利用されるお客さまはすべて私どもにとって大事なお客さまだと思っています。そのお客さまに困ったことがある時は、手を差し伸べるのが当然です。」

参りました。すっかり心揺さぶられました。

日頃「ホスピタリティ」の重要性を語っている自分が、Fさんの言葉の大きさに、恥ずかしくなりました。

また、こういう気づきや心配りを実践しているスタッフさんが居ることに、心から嬉しくなりました。

まさに「〝その瞬間〟にためらいなく実践できる、心温い良い行い」、私流の「定義」そのものでした。

こういうスタッフの居る会社はどんな会社なのだろう…きっと、良いと思ったら失敗を恐れずに直ぐに行動するという「風土」があるのだろうと想像しました。

理念がしっかり現場にも浸透し、「お客さまへのお役立ち思考（精神）」にあふれた心豊かな人たちが集まっている会社であると思います。

その心の豊かさがあるからこそ、気配りし、〝その瞬間〟を見逃さず、お客さまのために自分が出来ることを迷わず一生懸命にやり遂げるという姿勢が、風土としてこの会社に宿されているものと思います。

目の当たりにした〝その瞬間〟、お客さまにとって良いと思ったら、ためらいなく実践することを「当たり前」の事として、日頃から組織の中で推奨されているものと思います。

その背景には、そうしたマインドを醸成する「マネジメント」の存在があることは想像に難くありません。

その「マネジメント」は「〝その瞬間〟の行動」が仮に上手くいかなくても（失敗したとしても）、その積極的なお役立ちの姿勢を評価し、組織全体での称賛がなされるようなものだと思います。

私はすっかりこの店のファンになりました。機会あるごとにこのお店でお土産を買い、相手にお渡しする時に、このエピソードを添えるようにしています。エピソードも価値になる時代です。

③ 〝その瞬間〟に心配りが出来るマインド醸成を

あらためて「マネジメント」について考えてみる時、最初から「組織管理」といった難しい概念でとらえる必要は無いと思います（学びを否定しているものではありません）。「人の心の在り方」に着目して、「気づき」や「心配り」を磨き上げることが原点だと私は考えます。

外食・小売り業などは、新たな競争ステージを迎えています。規模の競争では無く、小商圏での「お役立ち・魅力づくり競争」の時代です。

その新たな競争環境下で、固定ファン開拓につながるものは、「顧客接点でのスタッフのワクワク感・イキイキ感」にあると思います。

その「ワクワク感・イキイキ感」を創造するのは、「関心・対話・感謝」に重きを置く、リーダーの気づかい、心配りです。人に関心を持てなければ「人の心の在り方」は見えず、ホスピタリティマインドなど芽生えようはずもありません。この点については、次の節で改めてお話させていただきます。

もちろん仕事の「目的・意義＝使命感」をしっかり心に宿したリーダーの存在です。

そのようなリーダーの、現場を担うスタッフへのコミュニケーション・働きかけによって、モチベーションも高まり、「〝その瞬間〟にためらいなく心温い良い行い」が出来る「利他の心」を発露とする「ホスピタリティマインド」にあふれた人に育っていくものと思います。

その「ホスピタリティマインド」こそが、これからの「お役立ち・魅力づくり競争」の時代を生き抜くための顧客志向マーケティングを支える重要な要素になるのです。

人の心を揺り動かし、良い行動に駆り立てるための気配り・心配りの「マネジメント」がスタッフを「心豊かにし」、それがお客さまの「感動」に連鎖し、「愛着心＝ファン」となって、お客さまにとって無くてはならないブランドとして支持されるものと思います。

第2節　ホスピタリティ人材を育てるインターナル・ホスピタリティとは

①顧客に伝わる「ワクワク・イキイキ感」

前節で、「お役立ち・魅力づくり競争」の時代を生き抜いていくには、「ホスピタリティマインド」＝「〝その瞬間〟にためらいなく実践できる、心温い良い行い」を生む風土が重要な要素であるとお伝えしました。狭まる一方の地域商圏にあって、無くてはならない存在の店・商いになるには、いかに固定ファンを創造していくか…にかかっています。

今、目の前にいらっしゃるお客さま一人一人を固定ファンにしていくには、ホスピタリティマインドを起点として、それぞれのお客さまの感情に寄り添う＝個別対応力を上げていく必要があります。

固定ファンづくりを担う主役は、あらためて申すまでも無く、顧客接点の現場で頑張っているスタッフの皆さんです。「仕事の目的・意義」をしっかりと心に宿し、お客さまに喜んでいただくことが自分にとっての「ワクワク感・イキイキ感」であり「楽しいこと」である、と心に刻んで仕事をしてもらえれば、固定ファンは必ず増えます。

そういうスタッフさんを育成するのは、「関心・対話・感謝」に重きを置くリーダーの気づかい、心配りであることも前節で触れました。

お客さまに向かってホスピタリティを発揮するには、その前に、スタッフさんが「ホスピタリティ感性」を心に宿していなくてはなりません。その感性は、「自分が必要とされている」ことの実感から育まれ、それによってモチベーションが高まり、その結果として、お客さまに対して（外に向かって）、最高のパフォーマンスが発揮されるものと思います。

その根っこにあるものが、互いに理解し、尊重できる関係性を築くための「内なるコミュニケーション活動」になります。

②インターナル・ホスピタリティ活動で「敬意」「感謝」を根付かせる

前置きが長くなりましたが、この節では、「内なるコミュニケーション活動」＝インターナル・ホスピタリティ活動（造語）について、リーダーの「姿勢・役割」と重ねてお話しします。

インターナル・ホスピタリティを充実させる上で欠かせないのが、良質の「敬意」と「感謝」です。

良質とは、心に曇りが無く、他者を心から慮る態度です。

スタッフさんに、「この店はあなたが居るお陰で成り立っています。本当にありがとう！」と、「敬意」と「感謝」を心からお伝えすることはもちろん、具体的な「しくみ」として日々の仕事の人間関係の中に落とし込むことが必要です。それを通じて、他者への心づかい・心配りの大切さをスタッフさんが実感し、この気持ちをお客さまにもお届けしよう、仲間にも感謝しよう、という心＝ホスピタリティ感性が育まれます。それが、インターナル・ホスピタリティ活動です。

スタッフさんにホスピタリティの発揮を求める前に、まずは内なる風土としてホスピタリティ感性を醸成することが大切です。インターナルな活動によって育まれたホスピタリティ感性が、スタッフさんの心のエンジンになって、内から外（お客さま）へと向けられます。

③「ありがとう！大好きです！」を本心・本気で
～あるFCオーナーとスタッフさんの話～

そのことを実行している事例をご紹介します。

東京都内にモスのフランチャイズ店を5店経営されている会社があります（D社）。30年の歴史があります。エリアで優秀店舗を選ぶコンテストでは、いつも複数のお店が表彰を受けています。

そのオーナーのKさんは、スタッフさんを家族同様に心から大事にされています。

Kオーナーにとって、お店で働く一人一人すべてが大切な存在で、顔を合わせる度に、「ありがとう！大好きです！」を照れずに、言葉に出しています。本心、本気なのです。

Kオーナーが目指している店は、スタッフさんのすべての方がお互いを思いやり、尊重し合い、働くことに誇り・プライドを持てるようなお店（会社）です。

スタッフの皆さんは、それぞれにさまざまな事情を持っています。胸の奥に仕舞い込んで、考えたくないこともあるでしょう。

個人生活の場に戻ると、その事情と嫌でも向き合わねばならないこともあるでしょう。

Kオーナーは、少なくとも、お店で仕事をしている間や仲間と共に過ごす時間は、その事情を忘れて、楽しく働いてもらいたい……むしろ「いきがい」を感じて欲しいと願っています。

その想いを、Kオーナーのみならず、全員で共有するために、働く誰に対しても、出社して来た時、にっこりの笑顔と共に、「おかえりなさい！」「おかえり！」と、気持ち良く出迎えてあげています。

Kオーナーの想いを受けて、相互に、その言葉の掛け合いを通じて、心からの「敬意」と「感謝」を表しています。

スタッフさんが出社する度に受け取るその温かい言葉で、素敵な仲間が存在することの「心のよりどころ」・「心理的安全性」を強く感じることでしょう。気持ち良く仕事がスタート出来るものと思います。

その内なる温かい風土が、ホスピタリティの発露となって、お客さまにも「ほのぼのとした温かさ」として伝わっていくものと思います。

④「恩送り」こそホスピタリティ・マネジメント

リーダーの心揺さぶる、良質な「敬意」と「感謝」や仲間から受けた内なる「愛」が、「恩送り」となって、外（お客さま）に向かってのホスピタリティに繋がっているのです。

繰り返しになりますが、この内なる働きかけによる良質の風土づくりが、「インターナル・ホスピタリティ」に他なりません。「人の心の在り方」が見える「マネジメント」の本質そのものです。

しくみ（やり方）は、このＤ社の方法がすべてではありません。押し付けるものでもありません。

それぞれの「やり方」を発見すれば良いのです。

大事なことは、それぞれの店・商いの存在意義に照らして、良質の「敬意」と「感謝」を表すために、スタッフさんに分かるもの、感じてもらえるものであることを忘れないことです。

こういう風土が発露した、こんなエピソードがあるようです。

実際、Ｄ社のＫ店でお仕事されているベテランのスタッフさんお二人（Ｓさん・Ｋさん）に直接お話しをお聞きしました。

店内の「おかえりなさい！」という言葉の掛け合いが、スタッフさんの中で心温かい関係が築かれ、それが応用編として、お客さまにも言葉を置き換えて使われ（ケースバイケース）、お客さまの笑顔や元気につながったというエピソードです。

⑤お客さまが「活力再生産」できるお店づくりを
～笑顔で「行ってらっしゃいませ」～

K店は朝8時から営業しています。ある寒い朝、開店と同時に20代のサラリーマンの方がお見えになりました。とてもお疲れの様子。眠たそうでもありました。出社前に、シャキッとして行きたいと思ったのでしょう。

ブレンドコーヒー一杯をブラックで飲むと、すぐに立ち上がりコートを羽織って、出口の方に向かいました。ドアが開く瞬間、スタッフのSさん、Kさんが同時に、元気な声で「行ってらっしゃいませ～」とお声をお掛けしました。お客さまは、ハッと振り向き、ニコっと笑顔返しで、「ありがとうございます！頑張ります！」と言ってお出かけになられたそうです。

お二人は、心の中で「今日も元気で頑張ってください！」そう願ったそうです。

そのお客さまが、翌日もまたご来店されました。

お二人の対応がとても嬉しく、そのお陰で、仕事も気持ち良く出来た様子。その御礼をしたいということでのご来店でした。昨日のように、ブレンドコーヒーを飲みながら、「実は…」と次のようにお話ししてくださったようです。

「家内と二人暮らしの共稼ぎでして、私は朝早いのですが、家内は夜遅くまでリモートで仕事をしていて、朝は私の出社後、ゆっくり目に起きるのです。私は、家内が起きないように、そ～っと、家を出てくるのです。そのような生活なものですから、家内から、『行ってらっしゃい！』と言われることが無く、それが当たり前の生活と思っていました。眠気冷ましにコーヒーを一杯と思って、たまたま立ち寄ったモスで、お二人からの、『行ってらっしゃいませ！』は、本当に久しぶりに言われた言葉で、正直疲れ気味だったのですが、一気に疲れが吹っ飛んで、今日も頑張ろう！という気持ちになりました。本当にありがとうございました！こんな気持ちの良い朝は、久しぶりでした。これからもちょくちょく寄らせていただきます。」と。

ベテランスタッフのSさんとKさんは、普段店内で交わされる「おかえりなさい！」という言葉の優しさを心に宿していました。それもKオーナーご夫妻が自分たちを家族のように思ってくれて、いつも何かにつけて気にかけてくれる面倒見の良さに、ありがたい気持ちでいたからこそでした。

その気配りの風土が、こういうケースで生かされたのです。

まさに、オーナー夫妻によるスタッフさんへの普段の良質な「敬意」と「感謝」が「恩送り」となって、お客さまへと向けられたのです。

Sさん Kさんは、このD社で25年以上お勤めされているようです。

オーナーKさんが、スタッフさんにとって、心の置き場所の良い風土を創っている証しだと思います。離職率がとても少ない職場が実現しています。

モスは「お店はお客さまのためにあり、そしてお客さまの活力再生産の場」(モス創業者)とも語り継がれています。

今回のお二人の対応は、まさにモスの理念・ミッションにもかなう、素敵なエピソードでした。

⑥「必要な存在です」と伝えるのがインターナル・ホスピタリティの基本

スタッフさんは「自分が必要とされている大事な存在」と分かると、おのずとモチベーションが高まり、潜在力に火が点いて、最高のパフォーマンスを発揮します。

前述のエピソードのように具体的な伝え方はさまざまありますが、基本は、リーダーが「あなたはウチにとって、無くてはならない必要な存在です。いつも頑張ってくれてありがとう!」ということを、しょっちゅうお伝えする活動こそが、「インターナル・ホスピタリティ」であると思います。

第3節 「個店色」の優位性とは

①チェーン運営が「食の選択肢」を広げていった

コロナ禍を経て、標準化されたサービス提供やオペレーション（お店の作業のしくみ）で運営しているお店が大規模撤退をしているのが目立ちます。

「あの街には○○がある」と言われるような、地域の中心としてブランドを築きあげてきた有名チェーン店においてもです。

将来を堅実に見積もる世相からの財布の紐の固さなど、原因はさまざまだろうと思いますが、お客さまの視点で見た時に、どこの店に行っても標準化されたオペレーション（作業も接客も）で対応されることに、もの足りなさを感じてきていると思います。もっと言えば飽きているのかも知れません。

どのお店も標準化された外観、サービス内容、オペレーションを持つお店をチェーン店と言いますが、各店舗とも同質の形態ゆえ商品の大量発注が可能で、多くの在庫を持つことができ、割引販売も可能となります。オペレーションの均質化のためのお客さまによるセルフサービスを採用しているところもあります。

高度成長期を経て増加する人口と所得、そこから生じた大量消費社会に対応するかたちで、チェーン店は消費社会の主役となりました。

人口が増え新しい街が出来ると、そこには大型ショッピングセンターが進出し、人々の生活を支えました。活気ある消費欲に対応するには、経営システムが平準化されたチェーン店による大量販売が欠かせませんでした。

運営形態が均質化する一方で、かつてとは比べものならないほど、選択肢（業種・業態）も多くなりました。

外食産業を見ますと、1960年代末以降の黎明期から多くのチェーン店が発展し、それぞれユニークで斬新な運営がお客さまを引き付け、同質のサービスを、多店舗展開によって日本中に広めていきました。1960年末にはファミリーレストランや24時間営業の牛丼屋がチェーン展開し、1970年初めにはハンバーガーショップが現れました（私がおりましたモスバーガーも1972年に板橋区成増に1号店を構えました）。回転寿司はもっと古く1950年末に産まれたようですが、チェーン店化していったのは1960年末以降のことでした。立ち食いそばのチェーン展開も1960年後半からです。

モスバーガー１号店

さまざまな「食の選択肢」が街中に溢れていったわけですが、外食産業全体の市場規模が１９９７年を頂点として減少していきました。それ以前から市中に存在した個人の店、個店は、チェーン店の発展によって苦戦を強いられました。

基本的にチェーン店は安価で、またチェーン店名という「カンバン」がサービスの質を保証するので、事前情報を持たない初めてのお客さまでも安心して入店できました。

有名チェーン店ならテレビやラジオのＣＭ等で「カンバン」を知ることができましたが個人店はそうはいきません。ネットや携帯端末が普及していない時代にあって、消費者にとって「カンバン」は重要な情報源でした。効率度外視でお客さまに寄り添い、地域に愛される個店も多く存在したと思います。ですが、小さいお店は、商店街の衰退など社会変化に対して対応が難しい面もあり、結果的に駆逐されてしまうこともありました。

②チェーン運営から「個店色」重視へ
～「選択疲れ」と「情緒的価値・人柄価値」の再評価～

そして今は、チェーン店・個店とも入り乱れて、すさまじいほどの「お役立ち・魅力づくり競争」の時代に入りました。「情緒的価値・人柄価値」が重んじられる時代を迎え、お客さまはありきたりの言葉（マニュアル）では無く、心からの親しみや感謝を込めて接客して欲しいと願っています。

前述したように、標準化はチェーン運営の上では、お客さまにとって、どこのお店にいっても同じようなサービスを受けられたり、ブレの無い品質の商品が提供されたり、とメリットもあります。

しかし、標準化のあまり、「層としてのお客さま」の対応になりがちです。

それに対して、一人一人のお客様が、もっと自分のことを意識して欲しい、好みや感情を理解して対応して欲しいと願うようになりました。

選択肢が増えたことによる「選択疲れ」という側面もあるかもしれません。

昨今、そういうニーズに応える、魅力ある個店が、復活してきました。

その魅力とは、チェーン店には無い個性的で手作り感あふれたメニューが存在したり、人情の機微を重んじて、一人一人の顔やお名前を憶えて、個別に対応してくれるお店です。心つかまれるお店です。

規模が小さくても、店主やスタッフとの楽しいコミュニケーションが期待できるお店です。決して安くはありません。それだけ競争のステージが、大きく変化してきています。

③キッチン周りは標準化し接客で「個店色」を

チェーン運営しているところが、すべて厳しい環境を迎えているかというと決してそうではありません。

チェーン店であっても、「個店色」の強い運営をしているところが人気です。それは、標準化すべきところと標準化をできるだけ避けるところを、よく見極めて運営にあたっている企業（店）です。

標準化のレベルを上げている分野は特にキッチンです。お客さまが直に接することの無い部分です。目的は、品質を安定させ、提供時間を少しでも短縮し、同時にスタッフの労働負荷を低減させるためです。一方、顧客接点での接客はマニュアル依存では無く（むしろ脱マニュアル）、スタッフの人柄が大いに発揮されることを尊重するようになってきました。お客さまとのコミュニケーションの在り方も同様に、各お店が工夫をこらしてきています。

また食事の時間を過ごしていただく室内空間は、どこの店も同じデザインでは無くそのインテリアは、主たる客層に合うものであったり、立地特性によって地域性を重んじたデザインであったり、まさに「個性的な店」（個店色）としての魅力を出すようになってきています。

特に、「情緒的価値」が重要視される今の時代にあって、人柄の良さが自由に表現できる接客を心がけているところが、支持されています。

顧客接点では、極端な標準化はもはや歓迎されていないと理解すべきです。

個店色の高いお店は、「お客さまの心の琴線に触れるサービス＝ホスピタリティ」を心がけています。

「そこまでやるか～にくいな～、よく覚えているな～」と、すっかり心を掴まれます。

昨今は、「固定客になりたい時代」が到来しているのではないかと思います。

自分を意識してくれる店、気持ち良く応対してくれる店、そして波長の合う店には、お客さまの方から集まってくると思います。そういうお店には、「あなたが居るから、私は店に足を運んでいる」とお客さまがおっしゃってくれるような、素敵な「あなた」が存在します。

そして、素敵な「あなた」の存在が「カンバン」としてクチコミで広がるような環境も、ＳＮＳの普及で実現化してきました。

苦手です。

また、標準化されたチェーン店は大量消費を前提とし「多く安く」に強みを持ち、反対は

それゆえ、チェーン店であっても、個店色の強い店は支持され、狭くなる商圏の中で優位性を発揮しています。以前から言われ続けてきた、地域密着・地域一番店ということの大切さが、また脚光を浴びてきています。

チェーン店であるモスも「個店色」を尊重しています。

特にお客さまとの関係性（つながり）づくりにおいては、マネージャーの自由裁量を尊重して、「標準化」という1つの型にはめず、伸び伸びと取り組んでいただいています。一人一人のお客さまを意識して、それぞれの気持ちに寄り添おうとすればするほど、対応力の柔軟性が求められます。

まさに第1章第2節の中で触れたＦＶＣ（フランチャイズ・ボランタリー・チェーン）方式の持ち味が発揮されます。

④「また明日！」～20円の心配りで大きなつながり～

その事例として、札幌郊外にあるモス店（Ｓ店）をご紹介します。

モスには、電話注文やネット注文をいただいた場合、商品お渡しの際、通信料として10円を返金しているお店があります。とてもユニークで評判です。

札幌の郊外にあるモスのフランチャイズS店（ドライブスルー型店舗）は、コロナ禍以前からネット注文のしくみを取り入れ、商品をお渡しする際に、小さな専用封筒に、10円では無く20円をお入れしてお渡ししています。オーナー兼店長の、お客さまへの感謝の表れであり、地域の固定ファンとの関係性（つながり）を強固にしたいという思いからです。

10円は今回のネットご利用代、10円は、「また明日！」もご利用くださいの先渡し分です。

お客さまを集めるために、多大な宣伝広告費を掛けるよりも、ずっと低コストで、しかも関係づくりのコミュニケーションの「きっかけ」になります。

商品のお渡しの際、小封筒に20円入っていることをお伝えし、「今日はありがとうございました。また明日も（！）ご利用ください！」とお声を掛けると、苦笑いされることもあるようですが、「明日は出張で利用できないな～」「明日来れば店長はいらっしゃいますか～」など…反応もさまざまにあり、そのちょっとした会話を楽しみ、印象に留めることが、次の来店時に、とても役に立つのだそうです。

お客さまにとっても、自分を覚えてくれていることが嬉しいようです。

小さな心配りで大きなつながりです。返金の10円玉には、さらに愛情が込められています。

このお店では銀行で新品の硬貨に変えて、それをお渡ししています。手数料はかかりますが、それもまた細やかで、正直な感謝の表し方です。持ち帰った後、家族や友人と一緒に食べる時など、ピカピカの10円玉を見ながら、ほほえましい会話になることでしょう。

こういう積み重ねもあってか、コロナ禍でネットでの注文やドライブスルーのご利用が大きく増えたようです。ご利用のお客さまに、顔なじみがとても増えたとのこと。

ドライブスルーは、ピークタイムになると、お客さまとの接点時間が非常に短く、店内飲食と同じような、マニュアルに沿った接客用語の利用が難しくなります。

クルマの「窓」に向かって、いかに短く、インパクトのある言葉に置き換えるかが大事になります。

このS店は、「また明日～」を笑顔で、短く、トーンを強めて実践しているそうです。

一般的なチェーン店の場合は、標準化の名の元に、これをしてはいけない、あれをしてはいけない…というルール制限が少なくありません。顧客接点においても、マニュアルから逸脱したサービスをすることを良しとしない会社もあるように思います。

モスS店のように、「顧客接点」の場においては、状況に応じて、応用力を働かせ、個人経営の強みでもある、店主の人柄にあふれた「個店色」を大いに発揮して運営にあたっているところが、お客さまの支持を得ているように思います。これからもその傾向は強まるように思います。

ただ、モスもチェーンとして、標準化を遵守しなくてはならない点があることを付け加えておきます。特に商品開発や値決めなどは、フランチャイズ店が勝手に出来るものではありません。

チェーン本部として、ブランドアイデンティティを遵守することも大きな信用づくりです。

第４節　ホスピタリティマインドに通じる先達からの学び

①生き方・関係づくりの妙を教えてくれる２つの教え
～「客家の法則」と「たらいの水の原理」～

私が敬愛する友人に、作家の志賀内泰弘氏がおります。沢山の著書を世に出されていますが、その中に２００４年５月に出版された『タテ型人脈のすすめ』（ＳＢクリエイティブ）という本があります。

そこに「客家（はっか）の法則」という興味深いエピソードが紹介されています。私はそのエピソードを読んだ時、大きな感銘を受け、共通の友人を介して、志賀内氏にお会いし、直接お話しをおうかがいする機会を得ました。そしてその法則について丁寧に語ってくれました。

この法則はホスピタリティの「真髄」を表し、モスの理念にも重なり、自分の仕事のカテゴリーでとても役立つものでした。

志賀内氏が書いたあるコラムの中に「その法則」がコンパクトに記述されていましたので、ご本人のご承諾の元、それを引用させていただきます。

【客家の法則とは?】

中国南部の福建省に客家(はっか)という少数民族がいます。元々は中国全土を支配していた漢民族の末裔らしいのです。しかし、大昔、北方民族が攻めて来た際に、難を逃れて今の地にやってきました。彼らは特殊な建築様式の家(客家土楼)に住んでいます。イタリアのコロッセオのように、円型の外周部分が3、4階建てになっていて、各階に何軒もの家族が住んでいます。ちょうど中庭が見下ろせる高層筒型アパートといったイメージです。

入口を閉じると、外敵も侵入できません。中には、篭城出来るように、ブタやニワトリなどの家畜を飼っています。遠い祖先たちが、多民族との戦いに追われて南下したという歴史が、こうして強固な閉鎖社会を作り出したのです。

しかし少数民族にもかかわらず、鄧小平、リー・クアンユー、孫文や世界中で活躍する華僑など有能な指導者を輩出したことでも知られています。

ここの村(建物)の長老に、テレビ番組のレポーターがこんな質問をしていました。

「なぜ、この小さな村は優れた人物を大勢輩出しているのですか」

するとと長老いわく、「この村には、こんな教えがあるんじゃ。右隣の人に親切にしてもらったら、その人にお返ししてはならない」と言うのです。

それは妙だな、親切をしてもらったらお礼をするのは当然じゃないかと首を傾げていると、長老はこう続けました。「右隣の家に親切にされたら、反対の左隣の家の人に親切にしなさい」と。

ハッとしました。眼から鱗とはこのことです。円型ドームのアパートみたいな住まいなので、親切をぐるぐると回して行けば、いつの日か回り回って自分に還ってくるというわけです。

そういう生き方を実践して、多くの偉人を輩出してきたのです。

私は、このエピソードを読んで、あらためてモスの理念と重なるものを感じ、心が震えました。

モス創業者（故櫻田慧氏）が社内で機会ある度に語っていた、「たらいの水の原理」と同じ意味をなすものだったからです。

【たらいの水の教え（仏法の説話）】

「たらいの水の原理」は、もともと二宮尊徳が説いていた教えです。

たらいに入った水を、自分の方にいっぱい引き寄せようと思って、両手でかき寄せるようとすると、手前の縁にあたって、その縁伝いに離れていきます。

逆にたらいの水を、反対側（相手）に送ると、反対側の縁に当たった水が縁伝いに波と共に自分の方にやってきます。

現在の若い人たちは、「たらい（盥）」そのものを見たことが無いと思いますので、お風呂に入った時にでも、トライしてみてください。

どちらも古い時代の話ではありますが、現代でも色あせず、人の生き方・関係づくりの妙を教えてくれます。

そして、この2つのエピソードは、ずっとこの章でお伝えしてきた、ホスピタイリティマインド（お役立ちの心）の「本質」を突いています。

「たらいの水の原理」では、反対側（相手）をお客さま、あるいは、共に働くスタッフさんをイメージして考えてみるとわかり易いと思います。

②クリスマスの日にお婆ちゃんが教えてくれた大事なこと
～ホスピタリティマインドが結んだお客さまとの絆～

「客家の法則」や「たらいの水の原理」を象徴する、お客さま接点でのこんなエピソードがあります。

熊本県にあるモスA店の事例です。

それは、ある年のクリスマスの出来事でした。お店に一人のお婆ちゃんが訪ねて来られました。レジのところで、「ケーキをください」と言われました。

（え?.ケーキ?.）スタッフはおかしいなと思いました。お婆ちゃんにお聞きすると、表に大きなクリスマスツリーが飾られていたので、ここはてっきりケーキ屋さんだと思ってしまわれたようです。

勘違いしたことに気づき、恥ずかしそうにしているお婆ちゃんの姿を見て、ちょうど居合わせたこの店のNオーナーは、「お婆ちゃん、私の車に乗ってください」と言いました。

そして、車を走らせて一番近くのケーキ屋さんまでお連れしました。

お婆ちゃんは、とてもとても喜んでくれました。何度も丁寧に腰を折って御礼を言われました。

Nオーナーは、「クリスマスに人のお役に立てて良かったな～」と気分を良くして、その他のついでの用も済ませてからお店に戻りました。

ところが、さきほどケーキ屋さんまで送って行ったはずのお婆ちゃんが、お店の中に居るではありませんか。（あれ？どうしたのかな？）Nオーナーは心配になりました。そして、レジで接客しているスタッフが、お婆ちゃんにモスチキンを手渡すのを見て納得できました。何と、そのお婆ちゃんは、わざわざモスチキンを買うために、戻って来てくれたのでした。

Nオーナーは、お婆ちゃんの話をお聞きして、さらに感激しました。

ケーキを買ったあと、わざわざケーキ屋さんでタクシーを呼んでもらい、「モスバーガーさんへ」と言って踵を返してくれたのでした。ケーキ屋さんでクリスマスの食卓を賑わせる必需品のチキンの話をしたところ、モスチキンが美味しい！と薦めてくれたとのこと。

思わぬクリスマスプレゼントをもらったのは、当のNオーナーでした。

お婆ちゃんは、元はと云えば、モスにとっては、お客さまでは無かった訳ですが、Nオーナーがそれを承知で、ケーキ屋さんまで送ってくれたことが本当に嬉しかったのでしょう。売り手と買い手の関係を超えた「思いやり＝ホスピタリティ」がお婆ちゃんの心に染みたのでしょう。

Nオーナーは見返りなど期待していなかったに違いありません。ただただお婆ちゃんのお役に立ちたかっただけと思います。ところが、１時間もしないうちに、お店の売上という形で還ってきました。

目の前の利益を追いかけるのでは無く、本当にお客さまの困り事にまずは手を差し伸べてあげる行為が先々で真の利益に繋がるものです。そして信用となって還ってきます。

まさに「たらいの水の原理」です。

このエピソードはその他にも、商いの本質を教えてくれます。

・自分の「利益」を優先的に追う前に、まずは目の前にいるお客さまに喜び・幸せ感を感じていただくこと。

・売上は、その結果としてのお客さまの満足料として還ってくるもの。

・そして同時に、いつも一緒に頑張ってくれているスタッフさんに「必要とされている実感を」感じていただくために、「敬意・感謝」を惜しみなく注ぐこと（インターナル・ホスピタリティ）。

その先に、無くてはならない、「持続可能」なお店としての「称号」（ブランド評価）がきっと約束されるはずです。

志賀内氏の活動理念である「ギブアンドギブの精神」（利他の心）こそがホスピタリティマインド（お役立ちの心）の本質を表すものです。

③「ドメイン」を〝for you〟によせて心を駆動させる

そして、このマインドが、お役立ちのマーケティング活動を回していく心のエンジンとなります。

心のエンジンは、純正なオイル、すなわちリーダーが示す、「意義・目的」（心のドメインの在りよう）によって駆動の仕方が変わります。

過度に利己的・我欲に寄った心のドメインから生じるオイルは、心のエンジンを「ホスティリティマインド」（攻撃的で侵略的な心）として駆働させてしまうことでしょう。そんなお店・商いが無いことを願うばかりです。基本は for me では無く for you。その気持を忘れないように行動したいものです。

『新約聖書』の中に、「汝の隣人を愛せよ」（私は特定の宗教信者ではありませんが、この言葉は好きです）というイエスの言葉が記されています。

決して深い理解ではありませんが、自分を愛し、その「愛」を隣人（自分以外の他人）にも向けなさいそういう意味だと私なりに解釈しています。これもまたホスピタリティマインドに重なります。

ホスピタリティマインドは、お役立ちのマーケティング活動にとどまらず、普段の生活においても、世界中の平和の観点においても、隣人に愛を注ぎ、共に幸せ感を共有する上で、置き忘れてはならない「心のエンジン」だと思います。

また、夏目漱石の『三四郎』の中に「人間はね、自分が困らない程度内で、なるべく人に親切がしてみたいものだ」という言葉が出て来ます。「お役に立ちなさい！」と無理やり駆働させられた心のエンジンも、ホスピタリティマインドにはなりえません。

強いられるのではなく、人の本性から自然と生じる「してみたい親切」としての行動が「心温かい良い行い＝ホスピタリティ」としてお客さまにも受け入れられるのだと、私は思います。

ポイントは、自発的な親切心をどのようにして表現するか、行動につなげるか、です。

これが難しいところで、困っている人を見つけても考えるより先にカラダが動く、というのはなかなか出来ないものです。

④具体的にどう「役に立つ」かは知識として学ぶ

ホスピタリティマインドをホスピタリティ（お役立ちの良い行い）につなげるには、その方法を知る必要があります。それは、リーダーが自身の行動として示し、伝えなければなりません。

ホスピタリティマインドは内発的なものですが、ホスピタリティ（具体的な行動）は外部から知識として教え・教わるものだと思います。

孔子の『論語』の中には「学びて思はざれば則ち罔《くら》し。思ひて学ばざれば則ち殆《あやう》し」という言葉があります。

「思（想）い」はあっても「学び（知識）」が無ければ危険な行動をしてしまう…折角に生じたホスピタリティマインドを無駄にしないためにも、先達の行いを学びとして備えておきたいものです。

その学び（知識）も、for me では無く for you の気持が伴えばなお良しです。

自分がもらった良い学びを for you の気持ちで、今度は自分が教えていくこと。これもホスピタリティマインドが成しえる「良い行い」と言えます。

良い行いはきっと自分に還ってくるもの。私はそう信じています。

第3章

顧客志向が組織に根付くマネジメント形成

第1節　ブランドイメージを左右する「らしさ」と「つもり」

①勝因は「らしさ」

野球やサッカーなどのスポーツの世界で、試合に勝ったチームの監督が、「勝因は何だと思われますか?」と問われ「ウチらしさが出た試合でした!」と答える場面をよく見聞きします。

その質問をフックにして、「それはどのような点でしょうか?」と続きます。

「ウチらしさが出た」は、野球でいうと、攻撃力のあるチームなのか、堅い守備力のチームなのか、足の速さを生かしたチームなのか…など、そのチームの「らしさ（得意）」が、本番で「強み」として十分に発揮された、ということでしょう。その結果、勝利につながったということです。

相手チームにこの得意技を封じられたり、あるいは、自らのミスによって、その強みを発揮できなかったりすれば、当然、勝利を手にすることが出来ません。

余談になりますが、一流と言われるサッカー選手は、人一倍地味な仕事を率先して実行しているそうです。練習終了時の運動上の土慣らし、ロッカーの掃除など、利他の行いを優先する姿勢が、一流たるゆえんだそうです。

チームプレイで勝利するには、一人一人の選手の力を合せ（＋）、チーム力を高めなければなりません。さらに（×）に出来れば凄まじい力を発揮します。

そのためにはプレイヤー同士が互いに貢献しあう必要があります。選手同士がいがみ合っていれば、チーム力はプラスどころかマイナスになってしまうでしょう。

それゆえに、一流のプロ選手には利他の精神を含む高い人間性、品格が求められるのだと、私は解釈しています。

本番で「らしさ」が発揮できるのは、それはチーム内が「敬意」と「感謝」で満たされた状態の時と言えるかもしれません。

②「らしさ」は存在意義でありブランドイメージ

この「らしさ」は、商いの世界では「ブランドイメージ」として表れます。

ブランドとは、「信用・信頼」の証。お客さまが、お店や商品を選択する際、最も信頼できる対象として想起されるものです。それは扱う商品の魅力…「便宜性や独自性」であったり、組織の「風土」であったり、スタッフさんの「振る舞い」などから形作られます。

ここでは、大きな企業ではなく、数人の規模のスタッフさんのいるお店をイメージして話を進めます。

「らしさ」は「存在意義」の表れとみることもできます。

全店共通のマニュアルに記された対応（形式的な「全体最適」）を超えた、そのお店&そのスタッフさんの自律的な振る舞い、「そのお客さま」のためのホスピタリティ（「部分最適」）の実践が「らしさ」としてお客さまに印象づけられます。

生き残る会社は「お役立ち」を実践していると何度かお話させていただきましたが、ここでの「らしさ」こそお客さまにとっての「お役立ち」、お店の「存在意義」となるわけです。

「全体最適」より「部分最適」。お客さまはそこに「らしさ」を感じ、信頼を抱いてくれます。

「らしさ」のある行動は、ブランディングそのものです。

会社やお店の「基本の型（品格）」をしっかり身につけたスタッフさんの、それにふさわしい（らしい）行動によって信頼のブランドになるか否かが決まります。

「基本の型」は、理念・使命を礎として、具体的な行動規範としてマニュアル等のかたちで示されていると思います。文言で表されていないところは、トップやリーダーが普段の言動や行動を通じて手本として示し、スタッフさんの心に刻まれ、自然と浸透していることでしょう。

前述したようにホスピタリティは自律的な振る舞いですが、すべてをお店やスタッフ任せにするのはもちろんダメです。自律的でも「同じベクトル」を持たなければ「らしさ」にはなりません。これを成すのが「基本の型」ということです。

この「基本の型」を身につけていないと、いわゆる「型無し」となって、お客さまは、その会社・お店の「存在意義」（お役立ちの姿勢）を正しく受容しなくなり、選択肢から外すことになります。

③「つもり」は顧客不在の思考状態

「つもり」を辞書で調べると、「実際はそうではないのに、そうなった気になること」とあります。

「お役立ち」基点で考えると、「お役立ちのつもり」とは、「実際にはお役立ちになっていないのに、お役に立てた気になること」となります。

これは、オペレーション（方法論・作業）に囚われた時によく起こります。作業効率を上げることも大事な仕事です。それが重要でないとは言いません。

しかし、作業という内向きな性格の仕事は、ややもすると本来お役に立つべき対象であるお客さま不在の思考に陥りがちです。顧客視点とは距離を置いた仕事ぶりを招き、お客さまに感動が生まれがたい状況になります。向き合い方が違っているのです。

それでも作業に一生懸命なので、役に立つことをしている「つもり」の感覚です。

④「つもり」を減らして「らしさ」を根付かせるリーダーの役割

この改善には、リーダーの役割が大事です。リーダーの向き合う視点が、顧客視点か作業視点か、が問われます。そしてその「意義・目的」を理解してもらうための伝え方も重要です。

さらにそれに見合う行動につながるよう「腹落ち」してもらうことが必要です。

そのために、一方的なメッセージで切り上げることでは無く、それをどう理解したのか、それでどう行動するのか…多分大丈夫だろう、という自己満足では無く、確認そして再確認する真摯な「しつこさ」が求められます。

リーダーの導き方として、方法論よりも、「何故（WHY）」という観点に立って「目的・本質」について話し、スタッフさんの「心創り」を優先することが重要です。そのスタッフさんの行動から染み出るものが信頼のブランド、「らしさ」として育ちます。

上手く行くかどうかは、リーダー職（オーナー・現場リーダー）による普段のコミュニケーションの密度に関わります。

まさに「らしさ」の醸成・風土づくりは、リーダーの愛情ある、何百回・何千回のくり返しの「対話」から育まれます。スタッフさんを一人前にするための粘り強い綱引きのようなものです。

実際にお店を経営するオーナーが、顧客視点が当たり前だと思っていても、お店のリーダーが作業視点や売上優先視点になっていると、そのベクトルのズレが、ある場面を迎えた時に、お客さまの評価として真逆になって現れます。

⑤たかがチラシ配り、されどチラシ配り

その事例をご紹介します。

都内の某所で、居酒屋を経営（今は廃業）していたあるオーナーに、敗軍の将としてお聞

きしたものです。オーナーは別に本業を持っていました。お店は店長に任せっぱなし。たまに様子を見に行っていました。

その都度、「お客さまあっての商い」ということを話していました。

コロナ禍前でしたが、客数が減少し、厳しい経営状態になりました。オーナーは店長に打開策を問いました。

オーナー「どういう手を打ちますか？」
店長「新メニューのアイデアがありますので、その訴求に合わせて、ビール半額のキャンペーンチラシを駅前で配りたいと思います」
オーナー「分かりました。やってみてください。」

詳しくは問わず、店長のやる気を尊重しました。

オーナーはその駅の利用者。数日後、出勤時に、そのチラシ配りの場面を目のあたりにしました。

配っている人は、店長ではなく、どうやらアルバイトさん。

帽子を斜めにかぶり、ユニフォームの汚れも激しく、しかも声にも活気なく…笑顔など全く無し。ただ、「はい、どうぞ〜」だけ。両手に荷物を抱えて受け取れそうにない方にも配ろうとします。

これでは心よく受け取ってもらえない。そしてこの配り方の態度では、お客さまにご来店をいただくどころかむしろマイナスイメージを与えるだけ。

仮にチラシを持ってお客さまがご来店されたとしても、ビール半額の期間だけ。

これでは長続きしない。オーナーは大反省しました。

もっとしっかり細部まで確認すれば良かった。誰が、どんな格好で、どんな振る舞いや言葉遣いで配るのか。自分がイメージする「らしさ」（顧客視点）が定着していなかった。我が店の風土・品格は、「つもり」でしかなかった。だから、単にチラシを配るだけの作業そのものになってしまっていた。

どうせチラシを配るなら、好印象を抱いてもらうように配ろう…そういう配慮に至っていなかった。

店長との「らしさ」のベクトルにズレが生じていた。

これでは、いくらお金をかけても、業績の回復を望めない。大事なことを置き忘れてしまった。

そしてコロナ禍を迎え、さらに厳しくなり、オーナーはこのお店の継続を断念しました。

この事例を考察すると、チラシの配り方のことだけでは無く、コロナ禍を迎える前から、「らしさ」が希薄になり、仕事が作業となり、お客さまの心をつかみ、ファンにすることを怠ってきたものと思います。

チラシ配りは数字を追うだけの焦りそのものでしか無かったと思います。

おそらく、店長も頭では何が大切か分かっていたと思います。知識はあるのです。

それが、毎日の作業に追われているうち（マンネリ）に、顧客視点の行動に駆り立てる大切な「感情」、いわば、心の残高が減っていったものと思います。

オーナーがそれにいち早く気が付き、マンネリ打破の「刺激」を施せば結果は違っていたかもしれません。

「らしさ」の理解と定着はマネジメントにおける重要な仕事の１つです。それはやはり「心」の問題です。

理念を風化させないように、コミュニケーション密度を高めて、しっかりと何度でも語り続けなくてはなりません。真摯な「しつこさ」によって、何の仕事をするにせよ、「ウチなら〜、ウチの社員・スタッフなら〜、きっとここまでやってくれるだろう」という「ウチらしさ」を共有できると思います。

その「らしさ」の行動が、お客さまに「認知」され、信頼され、ブランドロイヤルティ（愛着心）となって、無くてはならない存在＝ブランドとなります。

「たかがチラシ配り、されどチラシ配り」です。どんなことにも「意義」を見出すことです。

居酒屋さんの事例では、もしちゃんとしたチラシ配りをしていたならば、あそこのスタッフは、若いのに頭低いね～、一生懸命だね～、ニコニコしてるね～、元気な挨拶だね～、という好印象になって、

「お、新商品か、ビールも安いし、頑張ってるから、会社帰りでも寄ってみよう！」

きっとそうなります。チラシを配っている人に「今夜行くからな～」などのお声掛けもあるでしょう。

お店にいらしたときの、コミュニケーションのきっかけにもなります。

そういう「らしさ」の風土を創るには、「ウチのリーダーならこの場面、どう『判断』『行動』するだろう」と、思いを馳せるようになるまで、あきらめずに「しつこく」見本を示し続けることです。

それが「型」です。

⑥リーダーの品格が「型」となり「らしさ」になる

「らしさ」も「つもり」も会社・店の「細部」・「心」に宿るもの。ブランドイメージを左右するものです。「らしさ」も「つもり」もリーダーの「型」に影響されます。

当然に宿すべきものは「らしさ」です。「つもり」の病に侵されないことです。

良い職場には尊敬されるリーダーの良い「型」があります。

その「型」はリーダーの品格（お役立ちの為の、言動・振る舞い）そのものです。

最初は、それをスタッフさんが見本としてそれを真似て、それぞれの人柄から染み出でるものがだんだんと積み重なり「らしさ」に磨かれていき、やがては人が人を惹きつける立派なブランドになるものと思います。

第2節　「らしさ」の風土創り～モス「らしさ」の形成～

①風土の礎はマーケティングとマインド形成

ここでは、私の古巣モス社の「らしさ」の風土がどのように形成され、それがブランド創造にどう繋がったのか、その一端を振り返ってみたいと思います。

「らしさ」の風土形成の礎は、創業時のマーケティング側面とマインド側面に源流があり、この両面からお話しすることが必要です。

最初に、創業のマーケティング側面について、特に商品開発と出店立地についてお話しします。

創業時、人も金もノウハウも無い無い尽くしの状態と言っていい「経営資源の乏しいちっぽけな企業」がどのようにして市場を開拓し、ブランドを創造していったのか…その市場創造の知恵について、簡単に触れておきたいと思います。

②モスの創業マーケティング～路地裏から得た知恵～

モス創業者の故櫻田慧氏は、元は証券マン（ロサンゼルス駐在）でした。証券会社を退社し、独立の道（事業タイプの検討）を模索している矢先に、マクドナルドが、銀座三越１階に華々しくオープンしました。１９７１年のことです。創業者はそれに触発されました。「いよいよ日本も外食が当たり前になる時代が来た。ハンバーガーはきっと日本にも定着する」そう直感しました。そして、時代を先取りした勇気あるチャレンジをスタートしました。

前述のように、経営資源が乏しい状態の中で、いかに独自の商い（ハンバーガー店）を創造するか、人一倍の「知恵」を絞りました。

まずはマーケットリサーチです。日本の繁盛店に足を運びました。繁盛店は必ずしも好立地にだけ存在する訳では無く、路地裏にも多く存在していました。

路地裏にある繁盛店の共通点は、理屈抜きに美味しいこと、そしてそこのご主人や女将さんが、お客さま一人一人の心を掴み、お馴染みさんにしていることでした。

そこに日本の商いの原点をみました。舌の肥えた日本人に支持されるには、何をさておいても抜群に美味しいものを創り上げる必要があります。用意していた資金（前職の退職金）

の大半を商品研究に費やしました。

ロサンゼルス在任中によく通った、郊外にある、小さいながら行列の絶えない手作りハンバーガー店「トミーズ」を思い出し、あらためて研究しに行きました。トミーズは、作り置きをせず、注文を受けてから一つ一つ手作りしている店です。そこの超人気商品チリバーガーが、現在のモスバーガーのモチーフになりました。ただそこのチリソースはメキシカン風の癖になる味で、日本人には馴染みの無い味。それを日本人好みのミートソースに置き換えました。

ハンバーガーに使用する材料も日本人の舌を満足させるために知恵をしぼりました。

ハンバーガー類に共通して使用するバンズは日本人の好きなアンパンに近いパンを、パティ（お肉）は、一般の家庭でお母さん方がよく作る牛と豚の合挽ハンバーグをモチーフにしました（現在はビーフ１００％使用の進化版になっています）。

モスを和風バーガーというブランドとして定着させることになった「テリヤキバーガー」のソースには、日本の伝統的調味料の味噌や醤油、みりんなどを使いました。洋風な商品に和風の味（日本食）という画期的な商品を創りあげました。そのテリヤキバーガーは北の街でも南の街でも「オラの街の味」という評価をいただき、大人気商品として、全国展開を支える商品になりました。

テリヤキバーガー

モスバーガーやテリヤキバーガーの主な材料の原型は、創業者の櫻田氏が、ご縁があって知り合った、紅梅食品工業（株）の創業者堀口壌社長（故人）に懇願して作ってもらったものです。

当時どこの食品会社にお願いしても、ハンバーガーなど知らない会社がほとんどで、けんもほろろに断られました。唯一この紅梅食品工業（株）だけが協力してくれることになりました。

そこに所属していたのが、中島民雄氏（後にタミー食品工業（株）を設立し社長、故人）でした。

中島氏は櫻田氏からベロメーター（舌の感覚が優れた人の意味）と呼ばれたほどの味づくり職人でした。櫻田氏のデザイン力と中島氏の優れた技とのコラボによって、今日のモスの人気商品の原型が生まれました。

因みに紅梅食品工業（株）もタミー食品工業（株）

もそれぞれの創業者から息子さん（堀口友宏氏（現会長）、中島幹夫氏（現会長））へ、そしてお孫さん（堀口悦宏氏（現社長）、中島佳隆氏（現社長））へと受け継がれ、モスとの持続的関係が続いています。

一方、出店立地の面ですが、路地裏に活路を見出しました。路地裏は、家賃や改造費も安く済みます。

そういう立地は日本には多く存在します。また、前述したように、路地裏にも繁盛店はたくさんありましたので、一等地でなくともチェーン展開が可能と睨みました。

ローコストで展開が可能なビジネスフォーマットを創りあげました。

業態はファストフードのカテゴリーではありましたが、アメリカ型の模倣では無く、独自のやり方を貫きました。注文を受けてから作るアフターオーダーシステム、早い提供を捨てて、アツアツ・出来立ての美味しさを優先しました。

サービスは、マニュアルに頼らず、一人一人のお客さまの心の琴線に触れるよう心がけました。

当時はお客さまのお名前を覚えて、商品が出来上がると「〇〇さま」とお呼びしていました。

モスバーガーやテリヤキバーガーといった商品そのものに固定ファンが居て、そこから口コミで広がっていきました。徐々に路地裏の家庭的な雰囲気の、美味しい和風バーガー店のイメージが定着していきました。こうして、モス「らしさ」が徐々に浸透していき、特徴のあるブランドが育っていきました。

③モスのマインド形成～苦手な人こそ食事に誘え～

次に、マインドの側面、特に「人と社風の創造」について話しを進めます。

創業者が理想の社風として掲げたのは、「人間関係」でギスギスしない会社でした。人間関係が良い風土を創り上げれば、職場が、それぞれの社員の自己実現の場としての「人間道場」となり、その人の成長に比例して、会社に大きな成果がもたらされるという考えでした。

そして結果的に、関係する人たちが物心両面で、幸福感を享受できるようにしようというものでした。

その実現のために、同じ価値観（波長）を持つ仲間が集い、セクショナリズムが発生しない、全員が同じベクトルで仕事に向き合えるような風土づくりを目指しました。

社員の採用面接もフランチャイズのリクルート（加盟店採用）でも、会社の理念に共鳴できる人、利他の心を強く持つ人が選ばれました。誰でも良いということでは無く、入口から「人材のらしさ」の基準（人柄・価値観）が設けられました。

当然、既存の社員も、血の通い合う関係づくりを一人一人が自覚して、担っていきました。それでも、人間ですから、気が合う人と苦手な人というのが現実的に起こります。

創業者はその辺りを感じ取り、皆に向かってストレートに、「どうしても苦手な人が居たら、その人を、自分から積極的に食事に誘いなさい！」「その人を知る努力をしなさい！」と投げかけました。

創業者はまた、

「居酒屋で、会社の愚痴、上司の愚痴をこぼすような社員がいる会社にはしたくない。飲んだ時でも、前向きに、仕事の意義を語り合い、協力し合う関係を築くようにしよう！」

そう強調して、事あるごとに風土の「型」を示していました。

同時に、言いたいことは本人に面と向かって、堂々と言う姿勢を求めました。陰で、不平・不満・愚痴を言うことを戒めました。

社員の中には、「苦手な人を積極的に食事に誘う」ことに、創業者の真意を十分理解できず、表情を曇らせた者も居ましたが、当時、そこに居た皆が櫻田氏を信じて集まった人々です。

その点で同じベクトルを持っていたからでしょうか、私たちは櫻田氏の言葉を受け入れ、オフサイトでのコミュニケーションの機会があちこちで存在しました。すれ違いや誤解はコミュニケーション不足から生まれるのが圧倒的です。それを無くすために、しょっちゅう向き合い、語り合いました。

このようにして、創業期というまだまだ不安定な時代、人の心を合わせることに時間と神経を何倍も使いました。「働く意義」や「自分たちの『誇り』」を語り合いました。創業者自ら加わることも多くあり、行動に駆り立てる心のエンジンに点火をしてもらいました。

仕事の場を離れてのコミュニケーションは、密度を重ねるにつれ、頭での理解がしっかり「腹落ち」するひと時になりました。行動に駆り立てられる瞬間でした。

まさに、オフサイトのコミュニケーションは、「心合わせ」「ベクトル合わせ」、そして「らしさ」の醸成になりました。ただ、人間関係でギスギスしない会社を目指すものの、必ずしも「完璧」であったわけではありません。ネガティブな意識になる社員もおりました。話しても話してもポジティブになれない人は、残念ながら去っていきました。

④「血液の融合」が更なる成長を促した

成長期に上場の方針を決めた後、特に経営管理部門の組織力を強化するため、外部からキャリアのある優秀な人材を何人も採用しました。ほとんどが一本釣り採用です。

銀行、流通など一流上場企業で上級の幹部を歴任した方々でした。彼らは入社後、数日の現場研修の後、我々現場上がりのプロパーの上司になりました。

当然、従前からの「らしさ」とは異なる雰囲気を感じ（経験が違うので当然）、なかなか波長が整わない時間を過ごしました（コミュニケーションの不足）。

創業者は、これからの成長期は、自身の采配で全てを決めるのでは無く、組織の力で業務を推進する体制を描いていました。それだけに、将来を見据えて、プロパーの良さを大事に育みながらも、その経験不足を補うに足る、外のキャリアを持つ方々の採用が欠かせませんでした。

創業者も、プロパーと中途入社の方々との「波長」の「違和感」を感じ取っていたようで、皆の前でこう言われました。

「創業以来ウチに居るプロパー社員は、新たに入社された経験者の方を、積極的に食事に誘い、多くの経験や知見に敬意を払って、沢山のことを聞いて学んでください。とてもお人柄の良い人に来ていただいています。心良くいろいろなことにお応え頂けると思います。

一方、新たに入社された方は、現場経験がありません。現場を良く知っているプロパー社員を、これまた積極的に食事に誘い、現場での苦労やフランチャイズ加盟店のことなど…まずはしっかり風土や歴史を「知る」ことをお願いします」創業者の懸念と気配りを感じ取ることができました。

健全な業容拡大を目的とした組織強化が、人間関係の摩擦を増やしてしまっては元も子もなくなります。いかにして経験の違うもの同士が交わり「血液の融合」を為すか、それに神経を使っての言葉であったと思います。双方とも腹落ちして、あちこちで、しょっちゅう飲み会が催されました。

会社はいかに社員の「心のベクトル」を整え、良き「風土」を創るか。当時を思い出すたびに、その大切さに気付かされます。

⑤創業者が示した「型」

こうして、創業期から成長期にかけて、それぞれ個性的な社員が居る中でも、どこか似た者同士が醸し出す風土の「型」が出来ていきました。

その「型」は、創業者の「哲学・生き方」を原石として形成されるものでした。

守破離（しゅはり）の「守」にあたいするものです。柔道でも空手でも…「型」を重要視し、しっかり身につけることから始まります。「組織風土」では基礎の土台となるものです。


【守破離とは】

剣道や茶道などで、修行における段階を示したもの。「守」は、師や流派の教え、型、技を忠実に守り、確実に見につける段階。「破」は他の師や流派の教えについても考え、良いものを取り入れ、心技を発展させる段階。「離」は、一つの流派から離れ、独自の新しいものを生み出し確立させる段階。

（コトバンクより）


櫻田氏が、社内講話の中でよく話されていたことがあります。「守《しゅ》」にあたる「型」を示すものです。

1つは、「たらいの水の原理」（第2章第4節に記述）についてです。

重複は避けますが、「利他の心」を説いています。私流ですと、「ホスピタリティマインド」です。

これは、社員の在り方・会社が目指す風土に留まらず、社会で信頼を得て生きていくための「生き方」の教えでもあります。

⑥信用づくりの5原則

もう１つ、「信用づくりの５原則」について話されました。

１．ウソをつくな
２．約束を守れ
３．でたらめをするな
４．ごまかしをするな
５．人を裏切るな

これによって素晴らしい人間関係を創ることが「信用力」を得ることになる、という話です。

これもまた、「基本の型」を示すものでした。

学校時代の通信簿は、学力が5段階の5だったら、とても高い評価を受ける。それはそれで素晴らしいが、しかし社会の通信簿は、仮に学力が2であっても、信用力が5なら立派な評価になる。いや、成功者になれると思う、そう話されておりました。

この「基本の型」に加え、創業者の「品格（振る舞い、言動）」が社員に影響を与え、模倣（守破離の守）の対象として、あるいは正しい生き方の見本として身近で学び、それが風土形成に繋がりました。会社は、心の鍛錬の場・人づくりの場でもありました。

創業の頃、「モスの人は金太郎飴（どこを切っても同じ図柄）のようだ」と言われたことがありました。

まさに「らしさ」の原点です。

⑦SVが育つまで次のバスを待つ

創業期の会社の成長（展開）は、急がず、着実なものでした。無理な拡大をしませんでした。

前述しましたように、じっくりと人の育成や組織風土・仕組みづくりに時間を費やしました。特に、「人の成長に合わせた企業の成長（展開）」を心がけていました。

その時の「人」はフランチャイズ加盟店の店舗経営指導をする「ＳＶ（スーパーバイザー）」です。

ＳＶが1人育てば、10～15店舗が展開できる、というのが目安でした。

創業時は外食にとって時代が追い風になってきており、加盟希望者も増えていきましたが出店を無理しなかったことが、後々ブランド形成に大きな意味を与えました。

ＳＶは促成で育つものではありません。直営店で店長としてしっかりと体験を積まねばなりません。

加盟店のオーナーさんと接するための、「品格」も備えねばなりません。経営数字も覚える必要があります。それをせずに、出店だけを進めると、砂上の楼閣となります。ＳＶが育つまで次のバスを待とう！そういう姿勢でした。

一方、育つのを待つだけでは無く、育て上げる視点も大事にしていました。私も次のバスを待っている間の、ＳＶ候補の1人でした。店長になってまだ1年の新米でした。

ちょうど1年が経った頃、ＳＶへの辞令がおりました。あまりにも未熟で、上司に懸念を申しました。

「やり切れてないところはＳＶになってからも視点を変えて出来る」との返事。

上司の言葉から、「立場と責任」を与えられたことに気づきました。しばらくしてから、思い切って「立場と責任」を与えることは、教育そのものであることを理解しました。

体験こそテキスト、まさに「人間道場」の風土がなせるものです。もっとも、未熟者を引き立てるにあたり、失敗に「寛容」な「度量」を持つ上司の存在がありました。

私もその「寛容さ」に助けられました。これもまた「らしさ」の風土を成す大切な要素です。

第3節　「らしさ」を育むリーダーの責任と愛情

①コロナ禍で去った人材は戻ってこなかった

飲食業界はどこも「人材不足」に頭を悩ませています。コロナ禍以前からこの課題を抱えていましたが、コロナ禍の3年で状況はさらに悪化しました。どこのお店も店頭には、「人材大募集・急募」のポスターが掲げられています。

時間給の表示も、4桁の大台を超え、中には、1500円のレベルまで上がってきています。

それだけ深刻な状況になっていることをうかがわせます。

コロナ禍の緊急事態宣言のもと、主にアルコールを扱うお店（居酒屋など）に、行政から休業要請が出され、その見返りで、休業支援金や雇用調整助成金などの支援策が出されました。

お金の手当てはありましたが、それでも休業はさまざまな痛手を与えました。

特に、人材確保の面です。パートタイマーのスタッフさんは、生活防衛のために、休業の無い他の仕事に就きました。

働き慣れた職場、いずれ再開した折には戻ってきます！と言い残していった方が大半だったろうと思います。ところが、休業要請が無くなっても、去った人々はなかなか戻って来ませんでした。新たに勤め出した職場を辞めてまで戻る決断が出来ない、生活環境の変化で家を空けることが出来なくなった、などなど、さまざまな事情があったかと思います。

あるいは、戻って来たとしても、曜日限定、時間限定という従来とは変則的な形でした。掛け持ちで仕事をすることが増えたからです。パートタイマーのスタッフさんにとっても、一か所で働くことがリスクだと考えられるようになりました。複数の職場で働くことによって、収入の不安定化をカバーすることができます。

一方、お店側にとっては、短時間勤務、限定時間勤務、曜日限定勤務は、シフトの組み立てが難しく、繁閑での配置調整が出来にくくなり、稼ぎ時のピークタイム、ピーク曜日に人手が不足する状況が生まれています。人手不足で仕事が回らず事業を諦めるケースも現実化しており、想像を超えた人材獲得競争が起きています。

②人手に困らない居酒屋〜雇用を守り商いを守った國屋さん〜

そのような厳しい環境にあっても、人手に困らない居酒屋さんが新宿にあります。むしろ応募が絶えない様子。

西新宿に、ろばた「翔《しょう》」ろばた「結《ゆい》」などの居酒屋4店舗を経営する、株式会社國屋（代表國利翔氏）です。

コロナ禍、他の居酒屋同様厳しい営業制限を受けましたが、可能な範囲で営業を続け、雇用を守り、地域の復活を目指して頑張り続けました。

國利氏「正直、行政の指導に完璧には従いませんでした。申し訳ないと思いながらも、それよりも守るべきものを守りたかったのです。休業支援金も雇用調整助成金もいただきませんでした。」

従業員の生活を一番に心配したようです。

長いこと勤めてくれている、社員・アルバイトを路頭に迷わせてはいけない…。その為には、厳しい指導を受けながらも、法に違反するようなことをしなければ、可能な限りの営業を続け、仕事と生活を守ってあげたい。そう覚悟を決めたそうです。

一般的な居酒屋関連の会社は、休業と共に、スタッフさん達に辞めていただいたところがほとんどだったようですが、（株）國屋は、自主退社以外は1人たりとも辞めさせなかった、とのこと。

國利氏「その時雇用を守ったからこそ、今の定着があります。」

この背景には、國利氏の「理念」が社員や組織に息づいています。國利氏はそれを「イズム」と呼びます。私がこの章でお話ししている「らしさ」です。

國利氏は社員に対して常に「仕事は何のためにやるのか」、その目的・意義を語り続け、共有しています。その問いかけが、自らの具体的な行動となって表れます。

コロナ禍、お店周辺から、人が居なくなりました。治安が一挙に悪くなりました。真っ暗になり、近隣のビルの壁には落書きが増え、ゴミが散乱し、カラスも増え、すたれていく新宿を嘆きました。それまで、街に明かりが灯っていることが当たり前でした。

その当たり前だった西新宿の街の明かりを消してはいけない。この街で商売させていただ

ろばた「翔」スタッフの皆さん

いているのは、この街を築きあげた先人たちのお陰。少しでもこの恩に報いよう。

自ら進んで、清掃活動を行うと同時に、治安が悪くなるのを防ぐために、営業していない店の大看板の灯だけでも点けておこう！

そう決心し実行しました。「仕事は何のためにやるのか」という問いに対し、國利氏が持つ答えを示してみせたのです。

一方、國利氏は、食材の生産者や、日本酒の酒蔵に想いを馳せました。

日々、彼らの悲鳴が聞こえてきました。

おいしい野菜が余ってしまう。生活が成り立たないばかりか、野菜が作れなくなる（農家）。

日本酒を造ったが、売れない。米を買ってしまっている。作らざるを得ない。でも売れない。

売れないと来年作れなくなる（酒造会社）…そうした

悲鳴の連続でした。

國利氏が思い切って、可能な限り、お店を開けたのは、この悲鳴に痛みを感じたからでもあります。スタッフさんにも営業を続ける「意義」を伝えると同時に雇用を守ることを宣言しました。

営業を続けるに当たり、新宿は商売するところで、住んでいる人が少ないこともあって、町内会からは応援があったものの、反対はありませんでした。もっとも、清掃活動や大看板点灯の姿勢など、地元愛をもとに、地元の活動（町内会理事）にも積極的にかかわっていたこともあって、むしろ、國利氏の決断に対して「頑張れ！すごいよ！」といった声が多く届きました。

國利氏「可能な限りの営業継続を通じて雇用を守ったからこそ、今の「定着」に繋がっています。」

むしろ、最近になって応募が増えてきているようです。

③お客さまから社員になったMさん

アルバイトから社員になるケースやお客さまから社員になりたいと希望されるケースもあ

るそうです。アルバイトさんたちは、とにかく「人間関係が楽しい」、やりがい・いきがいを感じると言ってくれています（國利氏）。

お客様から社員になったケースについてお話ししたいと思います。

Mさんは、たまたま長野県から用事で東京に出てきた時、乗り換えの新宿で下車してふらりと寄ったのが、ろばた「翔」でした。

働いているスタッフがイキイキしている。女性店長の働いている姿がカッコいい。

Mさんはその時、長野のあるホテルで調理を担当していましたが、お客さまの接点に立ったのは5年で一度だけ。お客さまの笑顔を見たことがありませんでした。

ろばた「翔」でお客さまの楽しそうな笑顔を見て、自分が本来やりたかったことは「これだ！」、そう感じたそうです。Mさんは、長野に帰って、急ぎ退職手続きをして、（株）國屋の社員となり、ろばた「翔」で今も元気に働いています。

國利氏は、スタッフさんのことをもっと知りたい…気になってしょうがない存在なのだそうです。

雑談タイムを大事にして、スタッフさんの休みの翌日など、「昨日の休日、楽しいことあった？」と、いきなり仕事の話では無く、むしろ仕事観を薄め、楽しい「入口」を作ってあげるのだそうです。

思いっきり、楽しかったことだけを話してもらうのだそうです。

この軽くて楽しい「対話」が、心の距離感を縮める作用になっているようです。

まさに「心理的安全性」を創り上げています。この雑談・対話が仕事への楽しさにつながり、内なるイキイキ・ワクワク感が、お客さまに向けて発揮されているものと思います。

④「ならぬものはならぬ」～型の指導でスタッフの信頼を得る～

ただ、決して甘いことだけではありません。

営業中は、國利氏を含め、直に指導を受けた店長から、会社の「型（品格・品質基準）」をしっかり指導されます。良いことは良い。ダメなものはダメ。もちろん褒めることも多いですが、「ならぬものはならぬ」と、はっきり伝えます。

「ならぬものはならぬ」は、どのようなケースなのか、その事例を紹介します。

その前に、前提があります。

國屋には、「当たり前の徹底６項目」という行動規範があります。

1. **挨拶の徹底**
2. **掃除の徹底**
3. **整理整頓の徹底**
4. **時間状態管理の徹底**
5. **礼儀の徹底**
6. **後始末の徹底**

社内向けの行動規範ではあるものの、（株）國屋に勤める誰もが、社会人として当たり前のことがきちんと出来る人間になって欲しいと願って、國利氏が掲げたもの。

居酒屋という業態柄、社員だけでは無く、アルバイト生も多数（むしろアルバイトの方が多い）在籍しています。将来、学校の卒業等に伴い、アルバイトを終えて新たな仕事に就くことになった場合でも、（株）國屋でのアルバイト時代に実践した行動規範によって、社会人1年生のスタートから立派に活躍できる人間になって欲しい、信頼される人間になって欲しい、そういう親心（＝愛情）が元になっています。

社会人として、この「当たり前の6項目」が出来ないと、どんなに知識、技術、能力があっても会社から長い時間必要とされない存在になります。是非、アルバイトの内に身につけてもらいたいのです（國利氏）。アルバイトが、単にお金を稼ぐだけで無く、社会人としての心得を身に付けてもらう〝道場〟にもなっています。それは國利氏の学生時代のアルバイト体験が背景にあります。

國利氏がアルバイトしていた居酒屋のオーナーは、挨拶の仕方はもちろん、箸の取り方や持ち方といった、学校では教わることの無い、マナーや常識など、社会人として最低身につけておく必要のある一般常識を丁寧に教えてくれたそうです。

また、國利氏自身も「ならぬものはならぬ」とオーナーから厳しく指導されたこともあったようです。

遅刻をしてしまった時や仕事が雑になった時、「次工程はお客さまという意識で仕事に取り組まないと皆に迷惑をかけるばかりか、信用を失うことになる」と、厳しくも真剣な口調で叱責を受けたことがありました、と。

たかがアルバイトなのに、そこまで教えるのか。普通は教えてくれない…驚きの体験だったようですが、それが後々社会で役に立つ原体験になったようです。過剰に忖度した指導では無く、良いことは良い、ダメなことはダメ…と、正しく行動を律するご指導いただいたことが、今の自分の血肉になっています。そのオーナーにはとても感謝しています。深い愛情を感じました（國利氏）。

今は沢山の社員・スタッフを抱える経営者として、その役割を考えた時、自分の経験同様、良いことは良い、ダメなものはダメ（「ならぬものはならぬ」）と、しっかり導いてあげることを自覚して、時には、「ならぬものはならぬ」のケースと向き合っているようです。

⑤成長意欲に責任をもって応える
～独立を志すAさんと店長を目指すLさんへの指導～

時間状態管理（徹底項目4、時間の使い方の管理）が良くなかったAさんのケースです。毎月初めに全社員で社員会を開催しています。Aさんはいつもギリギリ1～2分前に、会議室に飛び込んできます。全員が席について、それぞれ必要な資料を用意し、会議の開始を待っている時に入ってきます。理由は大概、寝坊。当然、もっと余裕をもって参加するよう注意をします。あえて皆の居る前で、です。Aさんは、「遅刻はしていません、セーフです」と主張。

國利氏「セーフだが、セーフじゃないよ」。Aさんはむっとして「何がダメですか」と訊いてきます。そして自分は開始時間には間に合っていることを伝えてきます。

國利氏は、社内では通用しても、他の社会では通用しないことをしっかり伝えます。

Aさんは将来独立の夢を持っています。國利氏はそこを切り込みます。

國利氏「社会のステージが変わると、今の行動では、時間セーフという理屈は合っていても、信用されないよ。彼は大丈夫かな～というういつも心配ばかりかける人は、見放される」

「いざ独立する時に、銀行はまったくお金を貸してくれないと思うよ」

「Aさんにとって、耳痛くて、傷ついたかもしれないが、でも社会はもっともっと厳しいんだ。ウチはまだまだ優しい。私の個人感情ではないよ。周りに心配をかけるようなことは、世間では、ならぬものはならぬ、なんだ。理解して欲しいな」

その時のAさんは、頭では理解できたものの、会議中は、感情の置き場を失い、終始しょげていたようです。会議後の店舗シフト入店の時には、他の社員に、「世間知らずだよな～オレは…」と言っていたようです。以降は、時間管理がもっともしっかりした社員に変ったとのこと。

もう一人、今、立派にY店の店長を務めているLさんのケースです。Lさんは、入社間もない社員だったころ、時間にルーズな1人だったようです。「はい！」という返事は元気で良いのですが、それ反して、動きが伴ってなかったようです。

國利氏「Lさんは店長を目指しているよね。店長はスタッフを指導する立場。『ならぬものはならぬ』と本人の為に言ってあげねばならない場面がきっとある。責任ある立場なんだ。

店長になった時に、すぐそれを言える自分を創っておくことが大事。店長として慣れて3か月くらい経ってからそれを言えるようになるのでは、機を逃すことになるんだ。だから、今のうちに、言葉に説得力がある行動を心掛ける必要があるんだ。」

Lさんは、その頃、会社を辞めようと思っていたようですが、國利氏のその言葉のお陰で、「あの時に辞めなくて良かったです。心を入れ替えることが出来ました。そして店長になれました」そう述懐しています。そして店長として伝える立場になって、「当たり前の徹底6項目」をさらに責任を持って指導するようになったそうです。まさに國利氏の想いを紡いでいます。

國利氏「最近は愛情をもって厳しく叱る経営者・リーダーが少ないのでは無いかと思います。昔の経営者の中には、叱ることは愛情の発露であると思っていた方もおりました。」「最近の経営者には、自分も含め、ダメな事を、勇気をもって、『ならぬものはならぬ』と言ってあげることが必要な気がします。その上で、叱りを素直に聞いてくれることは、自分にとっても大きな責任が生ずるので、厳しく言えば言うほど逆に愛情が湧いてくるように思います。そして、徐々に変わる姿を目の当たりにすると、ますます愛おしくなってきます。もっともっと成長を後押ししなくては…と。」

⑥温かさと厳しさで人を育てる～責任と愛情は「対」～

私は、國利氏の言葉から、責任と愛情は「対」の関係であるように思います。國利氏は「当たり前の徹底6項目」に照らして、時には厳しい指導をしていますが、それぞれの性格や機微に合った、気配りある指導をしています。

それだけに、國利氏は、普段の雑談や対話を大切にし、社員・スタッフとの心の距離を縮める努力をしています。こうして普段の何気ないコミュニケーションから、社員・スタッフは、仕事の意義や「当たり前の徹底6項目」の大切さを理解し、しかも成長意欲が高いので、「ならぬものはならぬ」ことを注意しても、素直に受け止めてくれるようです。

一方では家庭的な心温かい関係を築きながら、一方ではプロとしての技（調理技術、商品知識、接客技術など）を厳しく磨いていく…このバランスづくりも大事にしています。

しかし、スタッフさんも人間ですから、ミスもします。そのミスをミスにさせない、深手を負わせない手の差し伸べ方を、管理職の「腕（スキル）」として求めています。

ほったらかしや機械的、事務的対処では無く、いつも側であなたを見守っているよ…と、スタッフさんの人情の機微に配慮した「人が人を思う」風土があります。その配慮は、当然ながらお客さま、そして地域や仕入れ先の方々にも向けられています。

⑦四方（至宝）良し

近江商人の経営哲学として「三方良し」という言葉がありますが、三方＝「売り手良し」「買い手良し」「世間（地域）良し」に「働き手良し」を加えた、「四方（至宝）良し」が、そこにはありました。

かかわる四方の人々を至宝として尊重する「心のマネジメント」が、まさに（株）國屋の「らしさ」の風土です（ちなみに、仙台市には「仙台「四方よし」企業大賞制度」があるそうです）。

経営者である國利氏の「哲学」（ぶれない心）がスタッフさんの心に「残高」として刻まれ、常に「関心」を寄せてもらっていることをスタッフさんが「愛情」として受け止め、その心の置き所が本人のモチベーションを高め、日々の営業を豊かで楽しいものにしているものと思います。

高い定着率を実現している所以です。

私も先日、ろばた「翔」におじゃまさせていただきました。皆さん、イキイキ・明るく働いていました。にくいほどの気配りチームです。

ろばた「翔」（＝（株）國屋）のブランドは、スタッフさんの心からしっかり染み出ていました。

第４節　「らしさ」が育むブランドロイヤルティ（愛着心）

①「ブランドロイヤルティ」とは素朴に愛されること

「らしさ」とは、その会社・店が社会にメッセージしている理念・使命が、実際にサービスを受けたお客さまの抱く実感と一致するところから生まれます。

そして「この会社・このお店って、ちゃんとしてるよな〜好きだな〜」と「愛着心」を抱いてもらうことで、ブランドが成立するイメージです。

それを実現するために、自社の存在意義（理念・使命・強み）を心に刻んだ一人一人のスタッフさんが、それを顧客接点の場でしっかり実践することが重要であること。「らしさ」を心に刻むには風土づくりが前提となることは、第３章第１節から３節の中で事例をまじえて、記しました。

一方、「つもり」はその存在意義が形式に流れ、社会にメッセージされていることと、顧客接点の場で実践されていることが乖離（ズレ）した状態を意味します。

表向きは「顧客第一主義」などと謳いながら、実態は「会社・店の都合・利益」が優先された行動のことです。効率の良い経営・運営を目標とするあまり、社内・店内のルールや生産性が優先され、それにお客さまを準じさせてしまっているような、主客転倒の状態です。「そこにはお客さまが不在である」と言ってもよいでしょう。

少し話を元に戻すと、「愛着心」についてですが、これこそがブランドロイヤルティの意味するものです。

「ブランドロイヤルティ」をネットで検索してみると、さまざまな定義が出てきます。

「他の代替ブランドがあるにも関わらず、ある特定のブランドを購入したいという顧客の気持ちを表すもの」、特に競争の視点で見ると確かにそう思います。

中には、ある特定のブランドに対する消費者の忠誠心のこと、と定義されているものもあります。

「忠誠心」と聞くと、私としては企業サイドの視点が強く感じられ、どうも違和感があり、ブランドにお客さまを額づかせるイメージを抱きます。

私は、ブランドロイヤルティとは、お客さまの「情緒的視点」が大きくかかわっているもの…そのように思います。

前述の「この会社・店、ちゃんとしてるよな～、好きだな～」のように素朴に抱く感情です。

「何故か好きだな～、らしいよな～」という愛されキャラの感覚でもあります。

この視点から、私はブランドロイヤルティを定義する場合、「顧客が抱く強い『愛着心』によるもの」と、お話しさせていただいております。

選ばれる要素は、商品（他に無い魅力）はもちろん、売り方、ロゴ、店舗のデザイン、人柄、などさまざまあろうかと思います。

とりわけ、その会社・店に愛着心を持てるか否かは、そこの経営者やスタッフさんの振舞い、表情、言動、行動…など、すなわち「人の品格」が大きな要素になるかと思います。まさに、この第3章で話し続けている「らしさ」です。「ブランドは人の心から染み出るもの」、そう前述もしました。

理念・使命という「らしさ」を心に宿したスタッフさんの振る舞いが、お客さまの「愛着心」を引き寄せることに繋がります。

商品を製造し提供する場合でも、接客の場面でも、会計の場面でも、衛生清掃管理の側面でも…すべて人の心・姿勢が起点となって表れるものです。

なります。

②内部ブランディング活動で「らしさ」の焼き直しを

この「らしさ」の風土づくりにおいては、「内部ブランディング活動」が大事なテーマとなります。

「内部ブランディング活動」とは、組織に「内在する信頼の価値」（私流ブランド定義）を言語化、可視化して組織の中で再認識させ、さらに浸透を図り、お役立ち行動につなげる活動です。

この点は改めて後述させてください。

今の混沌とした環境にあって、企業も個人も、「愛着心」に繋がる情緒的視点をどこかに置き忘れて、生産性（短期売上追求）や効率化に重きを置いてきたきらいがあるように思います。仕事の目的・意義を見失っている会社・店が少なくないように思います。

初めて体験するコロナ禍の状況は、前例も無く戸惑うばかりで、致し方無い面があったことも否定できませんが、ポストコロナの時代に入り、そろそろギアを入れ替えるべき時を迎えているように思います。

最近、複数の経営者の方から「原点回帰」の声が聞かれます。

その通りだと思います。そして自分たちの「原点」が何なのかを再確認すべき必要性を感じます。

先行きが不透明な時こそ、経営者・リーダーは、あらためて会社・店の創業時に立ち返り「原点」について自問自答することを求められていると私は思います。

いわゆる「温故知新」です。そこには、この混沌から抜け出し、正常に戻るヒントがあると思います。

迷ったら「原点」に戻ってみることです。

経営者・リーダーご自身がそれを再学習して、そしてスタッフさんにご自分の言葉で熱く語り続けることです。そうやって組織の中に、あらためて浸透させていく、つまり「らしさ」の風土の焼き直しです。

それが前述した「内部ブランディング活動」です。繰り返しになりますが、組織に「内在する信頼の価値」を再認識する活動です。

その活動を通じて、「らしさ」の風土の再生と、スタッフさんの「仕事への誇り」の復活が実現すれば、お客さまの愛着心も芽吹き、その先にあるブランドロイヤルティが大きく高まり、ドラッカーの言う「顧客創造」に直結します。

③伝えるべき3つの「原点」

「内部ブランディング活動」を行う際には、「原点」たる3つのことをお話しすることをお勧めします。

1つめは、会社・店の「ぶれない心」です。創業の理念・使命のことです。

会社・店が最も大切にすべきマインド＝精神性・哲学です。誰のためにどうお役に立つかについてです。まさに存在意義であり、仕事の目的です。

そして働く情熱の源泉になるもので、ホスピタリティに駆り立てる心のエンジンになるものです。

創業思想にその点がしっかり謳われていると思います。社長室の「額（がく）」に掲げられている会社も沢山存在するでしょう。

単なる「扁額」で終わらせることでは無く、それに「命」を吹き込むことです。その意味を深くことほぎ、丁寧に伝えることです。

そして、どういう行動（振る舞い）が「ぶれない」ことなのかを具体的事例で話すことです。

感情に刻むことです。

2つめは、会社・店の「生まれと育ち」（歴史）です。いわば、創業期のマーケティングです。

創業者がどんな「知恵」を発揮したのか。きっと他（競合社）との戦略的違いが浮き彫りにされることでしょう。

その違い（独自性）はきっとスタッフさんの「誇り」になります。独自性の強みがあるにも関わらず、競争を背景に、短期の売上確保に走り、他社の模倣戦略や低価格戦略といった、気づいたら同質化の波の渦に巻き込まれているような場合は、大いなる反省にもなることでしょう。スタッフさんの「誇り」の低下も懸念されます。

3つめは、会社・店の「大事にしている風土」です。人間関係の在り方・コミュニケーション密度です。

前述（第3章第2節「らしさ」の風土創り）で書いた、モスの事例をご参考ください。どの会社・店も個性的で多様な能力を持つ人間の集団かと思います。

けれども、価値観や波長がバラバラな風土ですと、組織（チーム）力が発揮されず、くだらないセクショナリズムに陥り、内向な集団になって、気配りが外（お客さま）に向かわず、全員で知恵を出し合い、顧客の価値創造のために一丸となる変化対応力の高い風土が形成されません。

それだけに、人と人との心通い合う関係づくりのために、コミュニケーションに時間と神経を費やすことの大切さをしっかり理解せしめることが大切です。

それが実践できる「モチベーションクリエイター」(スタッフの意欲を引き出す人)たるリーダーの選抜が重要です。業績数値の評価に偏らず、人の心を前向きに揺るがす「人間力」を身につけた人の抜擢に重きを置きたいものです。

④内側からブランドロイヤルティを高めていく

この3つの話を軸にした「内部ブランディング活動」によって、内在する信頼価値を再認識させ、さらにしっかり浸透・定着させることによってお役立ちの行動に駆り立て、それが社会への発信力となり、結果的にブランドロイヤルティ（愛着心）の獲得に繋がるものと思います。

手前味噌ですが、モスの場合は、こうしたインターナルで地味な活動の積み重ねによって、「まず心ありき」の風土創りに力を入れ、一人一人が感謝される仕事をしよう！の合言葉の元、ファンづくりに努めてきました。その結果は、

「モスってどこかあったかいよね。モスしか食べないよ。モス少し高くて遅いけど美味し

いからいいよね。モスの人って良く気がつくよね。モスの高齢者のスタッフさん、優しいよね。モスの商品、体にいいよね。モスのキャストさんの笑顔最高だよ」

などのお言葉で還ってきています。

お客さまとの関係の中で、美味しい！の基本価値はもちろん、期待価値や願望価値を超えて、共感価値レベルの心温まる神話も沢山生まれています。

これからも、いちＯＢとして、多くのファンから長く愛され続ける企業であって欲しいと願っています。

第4章

顧客志向の高い人材を育てるリーダーの役割

第1節　経営者・リーダーの資質とは

①価値創造力の高いリーダーが持つ3つの資質

第1章第5節で「価値を創造するマーケターの資質と心構え」について書きました。その中で、マーケターの資質として大事なことは「感性」や「価値創造力」であることをお伝えしました。

この章では、そのような感性の高いマーケターを含め、その業務ポジションに限定せず、広く会社の未来を担う創造力の高い人材を育てあげる「リーダーの資質・役割」について考察してみたいと思います。

私が敬愛する組織人事コンサルタントの今野誠一氏（株式会社GOOD and MORE代表取締役）は、価値創造力の高い、活力ある風土を創り上げる「リーダーの資質」について、

1．事業への飽くなき情熱（パッション）
2．仲間への深い愛
3．商売人

の3つの素養を挙げています。

多くの成功者の事例に触れる時、彼らが兼ね備えている要素として、まさしく的を得ており、私も腹落ちします。

こういう資質を持った経営者・リーダーの元で働く社員・スタッフは、そのリーダーから基本の「型」を学び、そこから自分流の品格をかたちづくり、感性が高く、創造力があって、自立心のある、逞しい人材へと育つものと思います。

私が多大な影響を受けたモスの創業者故櫻田慧氏もこれら3点の素養を十分に備えた、偉大な経営者であったと思います。

その師の「教え・導き」のお陰で今日の私があります。

3つの素養一つ一つを私の理解と共に紐解いていきたいと思います。

②情熱とは「あきらめない・ねばり強い心」

１つめの「事業への飽くなき情熱」ですが、わかりやすく表現しますと、絶対成功してみせるという「あきらめない・ねばり強い心」です。優れた経営者・リーダーはこのスピリットが人一倍強いのです。

最終責任者としての高い自覚と責任感が、己をそう導くものと思います。

新しい事業にチャレンジする時など、十分に練った上での事業プランであっても、そう簡単には成功させてはくれません。

むしろ現実の場面では上手くいかないことの方が多いように思います。

一度や二度の失敗では止まらないと思います。予想だにしない場面に遭遇することもあります。

その時に、簡単にあきらめてしまうのか、それとも再考しながら、何度でもチャレンジしていくのか、ここは、事業への飽くなき情熱（パッション）の差によるものと思います。

己との厳しい闘いでもあります。

事業への飽くなき情熱は「使命感」に支えられます。厳しいチャレンジを経て「お役立ち」のブランドとして世間から認められることが、その「あきらめない心」のエネルギーになります。

そして何かのご縁で繋がった社員やお取引先さまなど、事業に関係する方々にも一緒に幸せになってもらいたいという思いの強さも「あきらめない・ねばり強さ」に繋がっているものと思います。

③仲間に愛情を注ぐことは「凡事」、「徹底」してこそ花が咲く

2つめは「仲間への深い愛」ですが、ここでの「仲間」の概念は、ステークホルダー全体に範疇を広げず、まずは、自社の社員・スタッフが第一義になります。

会社（経営者）は社員・スタッフのモチベーションに支えらえています。同様に社員・スタッフは経営者・リーダーの「夢やロマン」「真摯さ」に支えられています。

まずはその社員・スタッフに「愛情」を注ぎ、成長を見守り、モチベーションを高め、自己実現を支援することが、経営者・リーダーの大事な役割（資質）だと思います。

このリーダーについていけば、将来自分の成長や生活にとってきっと良いことがありそうだ…そう思わせるオーラがその要素です。

そのオーラとは、社員・スタッフを尊重する想い、彼らの生活・家族を守る覚悟、幸せを

願い共に労う心が言葉や行動を通じて、現れ伝わるものです。オーラは可視化されませんが、それでも社員・スタッフには〝視えて〟いるのです。

前提に「深い愛情」が無いと、どんな言葉も口先から発するおべんちゃらになります。立場を利用したズルさも愛情とは程遠い振る舞いです。

「深い愛情」は、「信じて任せる」ことでも注がれます。

ＷＢＣ日本代表の栗山英樹監督の姿勢・采配が記憶に新しいと思います。信じ切る力が深い愛情の表現でした。選手はそれに見事に応えております。そして多くの選手が、「監督を勝たせたかった」と、目を潤ませて語っていました。監督が自分たちを信じてくれているという「深い愛情」に自らを鼓舞し、見事にその期待に応えた素晴らしい事例でした。選手への愛情が引き寄せた、大勝利でした。

仮に失敗があったとしても、それを寛容する度量によって強い信頼が生まれます。積極的な失敗をむしろ貴重な体験として積ませることこそ、社員本人の財産、ひいては会社の財産（ノウハウ）となるものです。まさに失敗は成功の母です。

「深い愛情」は優しさの側面だけでなく、ここぞという時には厳しく対応することもその愛情表現になります。理念に照らして、「ならぬものはならぬ」（第３章第３節参照）と指導することも、深い愛情の発露です。

まずは自ら働く意義や目的をしっかり心に宿して、それを肯定しながら、社員・スタッフとの対話や雑談を重ね、関心（＝愛）の深さを示してあげることが大切なことかと思います。

これも「凡事」。それを「徹底」してこそ信頼の花が咲きます。

このことを面倒臭がる経営者・リーダーはすでにその資格は無いものと自覚すべきです。

④商売人とは「情熱的」「誠実」「謙虚」、そして「ねばり強い」こと

3つめの「商売人」について。「はじめに」のところで、ドラッカーの言葉「事業の目的は顧客の創造」を取り上げました。「顧客」のところは、英文では、customers では無く、a cusutomer と書かれていることもお示ししました。

この意味するところは、目の前の一人一人のお客さまをファン（固定客）にするところから市場開拓は始まるということを示唆しています。

その為には、魅力あるマーケティング施策も重要ですが、特に、事業がスタートし出したばかりで知名度も何も無い時には、その事業を立ち上げた人の「人間性」が問われることになります。

どんなお考えのどんなお人柄なのか…その方の「人間的魅力」でお客さまを虜にできるか

否か決まります。

経営の神様ナショナル（現パナソニック）の松下幸之助氏、偉大な技術者ホンダの本田宗一郎氏など…偉大な経営者をあげれば枚挙にいとまがありませんが、どの方も共通して、その人間的魅力で人を惹きつけ、自社を世界のトップ企業に導かれました。

多くの企業はゼロからのスタートでした。おそらく、周りの人一人一人を心から気遣い、大切にして、巻き込みながら、謙虚な姿勢で、ビジネスに向き合っていったものと思います。

松下幸之助氏の言葉に「経営のコツここなりと気づいた価値は百万両」というのがありますが、私の解釈は、知識も優れ、人格的にも非の打ちどころの無い人でも、経営者として成功するとは限らない。経営者として成功するには、コツを掴むことが大事。そのコツは、一つ一つの仕事に一生懸命取り組みつつ、素直な心で反省する。日々それを繰り返していくうちに会得するもの…であると。

まさにドラッカーの言う「経営者に求められる資質は、真摯さ」に通じるものです。

経営者を商売人と読み変えても良いと思います。

このことから、「商売人の資質」を考えるに、「情熱的で一生懸命であること。誠実であること。素直であること。謙虚であること。ねばり強いこと。」が脳裏に浮かびます。

他にもいろいろ解釈はあろうかと思いますが、私流の整理です。

そして、「成功する商売人」は、夢とロマンに満ち溢れている人かと思います。その夢とロマンに多くの人が心揺るがされ、惹きつけられて、そこで心を砕いて、知恵を出し合いながら、社会にとって無くてはならない企業へと発展させたのではないかと思います。

「知恵」の視点では、経営者・リーダーの夢やロマンに裏打ちされた「ワクワク感」は必須ですが、それだけでは片手落ちで、「顧客満足と適正な収益確保の仕組みを考えられる人」でなくてはなりません。

まさに、市場を開拓し、商いとしてしっかり成立させるマーケティングの「知恵（感性・創造性）」です。

その「感性・創造性」＝「才」が、「人間力」と共に、経営力の両輪で、それを兼ねえた人こそが、真の「商売人」といえます。

繰り返しになりますが、「成功する商売人」は、「この人について行けば、将来きっと良いことがある、共に夢を追いかけてみよう」。そういう惹きつけるオーラと理念を具現化する「才」が備わった人かと思います。

⑤「信頼のジャンプ」を起こす

経営者・リーダーが信頼厚く接すれば接するほど、社員・スタッフからの「信頼のジャンプ」が大きなものとして還ってきます。

「信頼のジャンプ」とは、社員・スタッフからの、

「ウチの経営者（リーダー）は、ここまで信頼して任せてくれるんだ〜。普通そこまではしてくれないだろう。すごいな〜ありがたいな〜」

という感謝の気持ちが、期待に応えたいという向上心を呼び起こし、成長への努力に前向きに、そして信頼の現在地から自発的に大きく飛躍することです。

「ウチのリーダーは本当に面倒見が良い、感謝でいっぱいです。成長してお返しします」は経営者・リーダーにとって、最高の褒め言葉です。

大きなロイヤルティ（心からの忠誠心）を獲得している証しです。

隣に居る社員・スタッフの成長が何よりも自分の喜び。その成長の為に惜しみなく、経験・知識・ネットワークを提供してあげよう。社員・スタッフを利用するのでは無く、生きがいを与えてあげよう。それをプライドにしてあげよう。こういう意識こそが「深い愛情」を示し、社員・スタッフを包み込むオーラになります。

もっといえば、会社・お店、そしてお客さままでも包み込む風土が「らしさ」の核になると思います。

常に、本質（仕事の目的・意義）を語り合う対話の機会を重視して、それに時間と神経を費やす経営者・リーダーこそが愛情深いリーダーとしての資質を備えた人といえます。

そして、ご縁あって一緒に仕事をしている社員・スタッフが何とか幸せになるよう導いてあげたいという高い意識とそれに相応しい行動が、リーダーには欠かせない資質であると思います。

⑥精神的支柱として安心を供与する

さらに、生活の糧を提供する場だけでは無く、自己実現の場に加え、心理的に安心して働ける環境「精神的支柱」を準備しておくことも「仲間（社員）への愛情」の現われです。

「精神的支柱」について、ある会社の社長は次のようなことをおっしゃっていました。

「自分は常にネットワーク（人の財産）づくりを大事にしています。趣味の仲間、医者、弁護士、税理士などいろいろなジャンルの方と仲良くさせてもらっています。それは、自分のためだけでは無く、ウチの社員や家族に何か困ったことが起きた時に、いつでも紹介できるようにしてあるのです。」

心理的安全性は自由にモノを語れる風土のことを指しますが、この会社のように、社員やその家族に予期せぬことが起こった時に、心よく手を差し伸べてあげる体制づくりも心理的安全性に繋がり、安心して働いてもらうための「深い愛情」の表れと思います。

それが社員にとっては、大きな「精神的支柱」になり、身をゆだねるに足る、家族にも誇れる会社として、しっかり位置づけられることでしょう。

「深い愛情」を発露にした、面倒見の良い風土から、感謝が生まれ、その風土から、素晴らしい感性や創造力が発揮されるものと思います。もちろん素晴らしい成果も。

あらためて仲間への関心＝愛が経営者・リーダーにはとても大事な要素であると思います。

⑦モス創業者の「情熱」と「商売人」気質

先述のように、モスの創業者櫻田氏は3つの資質を兼ね備えた人物でした。ここでは特に櫻田氏の「事業への飽くなき情熱（パッション）」「商売人」の資質について振り返ってみたいと思います（紙面の都合でここでは触れませんが、仲間への愛情注ぎも欠かさない人でした。本当ですよ！）。

創業時、何せ、お金もノウハウも人材も情報も無い無いづくしでの新事業の立ち上げです。30代半ばだったリーダー櫻田氏は食通ではあったものの外食業未経験、他も若く未熟な若者たちが徒手空拳、己の知恵と身体を頼みにビジネスフォーマットを創りあげてきただけに、前例も無く、初体験のことばかりで、失敗は当然に起こりえることだったろうと思います。

一度や二度…どころではない失敗の連続。それでも白旗を上げることは無く、その「原因」をしっかり見出し、そこから学び、同じ轍を踏まずに「もう1回やってみよう!」の精神が、ビジネスフォーマットを磨き上げ、徐々にお客さまのブランド評価に繋がりました。

今日のモスのブランドロイヤルティ(愛着心)は、こうした「あきらめない・ねばり強い心」から生まれたことに他なりません。そして、この「あきらめない・ねばり強い心」を継承者や語り部たちが、大切な「経営指針」の1つとして受け継いでいます。

「事業への飽くなき情熱」は経営者・リーダーの「ワクワク感」(=事業が好きという感覚)そのものとも言えます。「ワクワク感」は単なる儲けの目論見ではなく、社会的意義があり、胸を張って語れるものです。

その「ワクワク感」のスケールが大きければ大きいほど、「ぶれない力」として心に宿るものと思います。

「ワクワク感」について、モスの例に少し戻りますと、1970年代の日本の外食産業の黎明期にあって、外食も資本の自由化が認められ、外資系の有名な外食業がいくつも日本に上陸しました。ケンタッキーフライドチキン（大阪万博に出店）、デニーズ、マクドナルドなどです。

それに連鎖するように、日本生まれの外食業が誕生しました。すかいらーく、ロイヤルホスト、モスなどです。

モスは１９７２年の創業ですが、その１年前の１９７１年にマクドナルドが銀座三越に出店したことで触発されました。「いよいよ日本も外食の時代が来た、ハンバーガーはきっと日本にも定着する」、創業者の櫻田氏はそう直感し、いわば時代を先取りした勇気あるチャレンジでした。

ただ、経営資源が整っていない状態の中で、外資のマネすら出来ず、いかに身の丈で独自の商いを創造するかに「知恵」を絞りました。

ひたすら・ひたむきにお客さまの「ご満足」だけを考えました（マーケットイン発想の商品開発など）。

その結果誕生したのが、アメリカ型ファストフードを日本的な食に置き換えたもの（日本的ファストフードタイプ）でした。独自の商品と売り方、独自の立地と展開、マニュアル頼りではない独自のサービス形態が生まれました。

創業の詳しいいきさつはここでの本来のテーマでは無いので、これくらいで割愛します。前作『外食マネージャーのためのぶれないプライドの創り方』第7章3の「モスのブルー・オーシャン〝風〝戦略」をご参考ください。

⑧「天・地・人」からワクワク感を

櫻田氏の新事業創造への「ワクワク感」がいかほどのものだったかは、発せられた言葉から感じ取ることが出来ます。よく「天・地・人」を引き合いに出されていました。孟子や上杉謙信の言葉として有名です。

天：日本にも高度成長の波と共に外食の時代到来。ハンバーガーはこれから大チャンス！
地：日本には特有の繁盛店立地が存在する。やり方次第で路地裏でも十分チェーン展開が可能。
人：気の合う良き仲間（価値観を共有する仲間）に恵まれ、この仲間と共に成長する。

この「天・地・人」の千載一遇のチャンスに「ワクワク感」を覚え、何としても成功のビジネスフォーマットを創りあげようと固く心に決め、その為に頭、体、時間を惜しみなく費やし、集った仲間たちと共に、ねばり強く今のモスの「原型」を創り上げました。

この時代は特に、商品開発に焦点を絞りました。そこから誕生したのが、モスバーガー、テリヤキバーガーです。

お客さまに喜んでもらいたいというリーダーの「ワクワク感」が商品に乗ると、すごい「作品」になります。その結果、お客さまの「ワクワク感」をも惹きつけることになります。

納得のいく「作品」作りのためにワクワクしながら「うんうん唸る」良質の苦しみの先に、まさに「優れもの」が誕生します。

それを為し得るのは、まさに「事業への飽くなき情熱」にほかなりません。

こうしてモスの場合は、創業者の「志（理念）」と「情熱（パッション）」によって、そしてそれに惹きつけられた仲間たちの共感があって、この世にブランドとして根付きました。

マーケットイン発想の商品開発手法は、この当時の「情熱（パッション）」を後輩たちが継承して、今なおそれを礎に独自性の高い商品（作品）を世に送り続けています。

⑨共通点は「信頼といかに真摯に向き合うか」

改めて3つの「リーダーの資質」を見返してみると、すべてに共通して信頼との向き合い方をテーマにしていることに気づきます。

人を信じる、信じてもらう、信頼のサイクルが人と企業を成長させ価値創造を成す。そのサイクルを回していくのは、信頼に対し覚悟を持って真摯に向き合う姿勢。その1つの姿勢を3つの角度から捉えた視点が3つの「リーダーの資質」なのだと思います。

三位一体の、正に「天・地・人」。

天・地・人といえば、性善説の祖とされる孟子の「天の時は地の利に如かず、地の利は人の和に如かず」という言葉が遺っています。ビジネスチャンスよりポジショニングより先ずは人の和。

モスの草創期、何度転んでも白旗を上げずに立ち上がって挑み続けられたのは「あきらめない・ねばり強い心」があったと記しましたが、その原点は、誤解を恐れずに言えば、顧客志向よりももっとシンプルなもの、「櫻田氏とその背中を追いかけた私たちが互いに互いの信頼に真摯に向き合えた結果である」と、改めて思い至りました。

⑩３つの資質の根底にある「性善説」

私は、リーダーの心の奥底にある理念は、常に「性善説」（仲間を善人として信頼して接すること）を根とすべきだと考えます。

むやみに人を信用しないことは経営者の重要な資質のように言われることがありますが、まずリスク要因を注視される社員・スタッフは、「〇〇しよう！」ではなく「××しないようにしよう…」と減点方式のマイナス思考をベースに行動してしまいます。そこから価値は創造されません。

まず「信じる」こと。「深い愛情」を注がれ、それに納得感を得た社員が自己実現を目指し潜在力を開花させることに繋がるのではないかと思います。

経営の基本は「先ずお客さま在りき」と語ってきましたが、基本の前に「先ず私たち在りき」でした。そのことを共有できる人と共に働けたことの幸せに、今になって改めて思い至っております。

第2節　リーダーの役割～刺激を運ぶ「風の人」たれ～

前節では、経営者・リーダーの「資質」について書かせていただきました。この節では、日々の「リーダーの役割」について、述べてみたいと思います。

①尊敬できるリーダーの刺激がワクワク感を引き出す

モチベーション（＝心に宿すいきがい）の高いマネージャー（店長）・スタッフがいるチームや店には、尊敬されるリーダーが存在します。

ここでのリーダーは店舗指導員であるスーパーバイザー（ＳＶ）です。

モチベーションの高いマネージャーは、リーダー（ＳＶ）の指導を受けながら会社の理念や使命をしっかり心に刻み、その実践を通じてお客さまに喜んでいただきたいという想いを強く抱き、それを自らの喜びとしています。

お客さまに喜んでもらいたい…という想いが強ければ強いほど、現場力の高い売り場が実現されます。おのずと固定ファンが多く、狭くなる一方の地域商圏の中でも競争優位に立っています。

人を喜ばせる仕事が「好き」（＝ワクワク感を覚える）。そういうモチベーションの高いマネージャーが育つ所以は何でしょうか。

それは、尊敬できるリーダーによる「刺激」があるからです。

「このような人になってみたい」と思わせる魅力的リーダーがもたらすものです。

②「風の人」と「土の人」

そのようなリーダーはさまざまに新鮮な「刺激」を提供してくれます。

私はこのような存在を「風の人」と位置付けています。

一方、日夜現場で運営を担い、お客さま接点の現場で一生懸命頑張っているマネージャーやスタッフを「土の人」と位置付けています。どっちが良い悪い、立場が上とか下とかではありません。

どちらも重要な役割を担っています。

良い土というのは、「水はけ」、「水もち」が良く、堆肥のような有機物を多く含んでいる土です。作物は土に根をはり成長します。この土に水や酸素、養分（肥料）、太陽光線（光合成）などが欠けてしまうと作物の生育も悪くなり、枯死してしまいます。健康な作物は、健全な土に育ちます。

人も同じです。

この原理と同じように、「土の人（現場を守る人）」には、常に、新鮮で有益な情報や、刺激が必要です。それが枯渇してしまうと、考えたり、工夫したりする意志が失われ、日々同じ繰り返しの単調業務に陥り、気が付いたら、店全体がマンネリ化現象に陥ってしまいます。

マンネリは成長の阻害要因です。笑顔や元気が無い、暗い店になります。こんな状態では、「いらっしゃいませ」という言葉もハリを失います。

モチベーションのかけらも感じなくなるこの現象は、何としても防がねばなりません。放置すると、お客さまの不満足がつのり、顧客離れにつながり、ブランドが毀損する結果になります。

「土の人」に常にフレッシュな気持ちで仕事をし続けてもらうことがとても重要です。

そこに、「風の人」の存在と役割が不可欠です。

③教育は刺激力が最高のテキスト～「風の人」が運ぶ有益な刺激とは

「風の人」はいろいろな有益なものを運ぶ人です。

それは、主にリーダー（ＳＶ）の役割です。

水、養分、酸素…に代り、会社・店の「ぶれない心」「生まれと育ち」「らしさの風土」（この３つの詳細は、第３章第４節に記載）に加え、会社・業界の最新情報、ホスピタリティの臨床事例、他店の成功事例、感動した本のこと、繁盛店情報、最近の売れ筋情報などを運びます。

そして聴かせます。まさに「刺激」です。良質な行動に駆り立てるきっかけになるような「刺激」の提供です。「土の人」はそれを楽しみにして、自分の成長のエキスにし、お客さまの喜びに繋がる行動に結びつけていくのです。

「土の人」がワクワクするような情報＝刺激を運んであげることが「風の人」の役割です。

「楽しい・嬉しい」情報の運び人になることが大切です。

「風の人」がその運びを怠ると、まさに土は腐ってしまいます（土の人のモチベーションが低下する）。そのために、リーダーである「風の人」は、常に情報をシャワーのように浴びて、自分の役割のカテゴリーに置き換えて、「土の人」の顔を思い浮かべながら、それぞれに合う刺激材料を用意する必要があります。情報をシャワーのように浴びるというのは、学びの機会を積極的に持つということです。

本を読むことも、異業種の方と会うことも、セミナーに出かけることも、他店を視察に行くことも、普段の買い物すら学びの機会です。無駄なものは1つもありません。

リーダーの学びは、社員・スタッフのモチベーションアップの為。そう肝に銘じたいものです。

まさにリーダーは刺激を与える人。「モチベーションクリエイター」の役目を担っている人です。

「教育は刺激が最高のテキスト」、つくづくそう実感します。

私も、店長時代はもちろん、SVや本部スタッフになっても、創業者や役員から大いなる刺激の機会をいただきました。仕事の目的・意義（ぶれない心）を拝聴するときは、心が震える思いでした。

それを通じて、正しいことをしていることに、強い誇りを抱きました。

その他、海外視察・研修、マーケティングの勉強会への参加、有名経営者との対面、有益な本の紹介…など、普通は大企業であってもそこまで経験させてくれることは無いだろう、と感じるほどのレアな体験の機会＝刺激を与えていただきました。

しかし「信頼のジャンプ」としての恩返しが出来たかどうかは、反省と後悔しきりです。少しばかりの「恩送り」だけは今もなお続けています。

「風の人」は、常に「土の人」に「関心＝愛」を寄せてあげることも大事です。「元気か～？ いつも心配してるぞ！気にかけてるぞ！」これを、メールでも、電話でも、しょっちゅう心を通い合わせるマメな気配りが肝心です。それが頼りにされ、尊敬されるリーダーです。

失敗と苦悩の連続であった私の現役人生において、リーダー（創業者・役員）のタイムリーな気配りに何度助けられたかわかりません。

まさに、第２章第２節に記述した、インターナル・ホスピタリティに通じるものです。

④ワクワク感こそ「生きがい」、仕事に立ち向かう原動力

モチベーションの高い「風の人」は自分の価値観に基づき職業選択をしています。「〝好き〟を仕事にする」というイメージでしょうか。

好きだからと言って、仕事は楽しいことばかりではありません。宮崎駿監督もドキュメンタリー番組内で、お仕事をしながら「面倒くさい」と連呼されるシーンがありました。勝手

ながら、「好きを仕事に」されていると想像している宮崎監督でも「そうなのか」と感じた次第です。

さらに勝手な推察をさせていただければ、「面倒くさい」に立ち向かえるのは常人の及ばぬ「ワクワク感」をお持ちだからこそ、と思っております。

さて、巨匠に続けて恐縮ですが、私も「ワクワク感」で仕事を決めた（転職した）1人です。

大学4年の時、都市銀行に内定後、卒業までの間、モス1号店でアルバイトをしていました。

その働いている時間の楽しいこと、それこそワクワク感でいっぱいでした。もちろん無遅刻無欠勤。

お客さまとの何気ない会話、私が作ったハンバーガーを目の前で「美味しい！」と言って召し上がってくれる満足気な表情、同じスタッフ同士の交わり…時間の経つのも忘れるほどでした。

「ワクワク感＝好き」という感覚が、アルバイトの業務範囲を超え、社員の役割にも範囲を広げることになっていきました。認められているという喜びも一方で私のモチベーションになっていました。

素晴らしい店長やリーダー（ＳＶ・役員）にも出会いました。シフトに入る度に、新鮮でワクワクする話をたくさん聞かせていただきました。時間給には代えがたい刺激のある学びでした。

社会に出る前のことでしたので、会社とはどういうものか、組織とは…あるいは、どうしてモスの仕事をしているのか…転職経験のあるリーダーの皆さんの話は、とても有意義でした。

リーダー（ＳＶ・役員）が来店されるのが待ち遠しいくらいでした。次はどんな話を聞かせてくれるのだろうか…それまた「ワクワク感」でした。

こうしてアルバイトとして体験したことが、後々自分の「生き方・価値観」の原点になっていることに気づくのです。その頃の飲食店はすべからく、「水商売」（今は死語）と言われていました。

いくら楽しくても、さすがに「水商売」を天職にするのは腰が引けました。田舎の両親のこと、世間体のこと…が脳裏をよぎりました。

結局、内定した都市銀行に勤めることになるのですが、たった10か月でモスへの出戻りを決断しました。私にとっての銀行は、単なる安定性、知名度、待遇…いわば、寄らば大樹の影でした。

なぜ銀行員になるのか、そこで果たす役割は何か、いきがいは？

その答えがきちんと腹落ちしていませんでした。ワクワク感などあろうはずはありません。悶々とする毎日でした。銀行が悪いわけではありません。私の職業選択の考え方が間違っていたのです。銀行員としての日々を悶々と過ごしているある日、モス創業者に食事に誘われました。

その席で創業者がこう語られました。「私たちはハンバーガーを売っていますが、実はお客さまに幸せを売っているのです」。

アルバイト時代の「ワクワク感」が、その言葉に象徴された、私の「いきがい・価値観」であったことに気づかされました。

古巣への転職を決断しました。そこから41年間の現役人生でした。

ワクワク感は自分の価値観と会社の理念・使命との合致から生まれます。

もちろんその間は楽しいことばかりではなく、面倒なこともたくさんありましたが、「いきがい・価値観」が心の支え・情熱（パッション）になって、さまざまな課題も乗り越え、思えば有意義なモス人生でした。

モチベーションの高い仕事の実現は、まずはその仕事の意義を腹に落として、さらに自分の生き方と重ね合わせ、「ワクワク感＝好き」を感じることができるかどうかにあると思います。

余談ながら、先の番組の中で、宮崎監督は「世の中の大事なことってたいてい面倒くさいんだよ」ともおっしゃておられました。まさに「凡事徹底・継続」することの難しさ。仕事の質を高めお客さまの信頼を得るための、最重要かつ最難関な心構えです。

⑤「風」と「土」の融合がモチベーションの高い「風土」を創造する

このように私は、「土の人」を経て、「風の人」も経験してきました。

創業時には創業者が「風の人」となり、「土の人」を集めて事業を拡大します。拡大すれば、ワクワク感を引き継いだ「土の人」から「風の人」が生まれ、また「土の人」へと伝えていきます。

そうした「風の人」と「土の人」との有機的関係が、モチベーションの高いマネージャーやスタッフを育て、伸びやかに働く、楽しい「風土（風と土の融合）」が築かれていきます。

その風土が顧客志向のワクワク感を高め、きっとそれはお客さまの「ワクワク感」をも惹きつけることでしょう。生半可では実現できない「凡事徹底・継続」を為し、結果的に、ブランドロイヤルティの高い評価に繋がります。

企業と顧客がそれぞれのワクワク感を同時に満たし、そのサイクルから収益が生まれ、顧客のニーズに応え続ける持続可能な経営が成されれば、これほど素敵なことはありません。それを実現する仕組みが顧客志向のマーケティングであり、その仕組みを動かしていくのが「風土」という力学である、と私は思います。

第3節　リーダーは人情の機微に配慮して指導

①「感情的ＹＥＳ」がモチベーションを高める

何かのご縁で同じ職場で働くことになった仲間には、自分が出来る範囲で愛情をかけてあげることが大切です。ましてや、社会経験の少ない方や転職したばかりで職場環境に不慣れな新人には、これから出会うであろう人々から可愛がられ、信用を得るための心得を、しっかり身につけていただく必要があります。会社の品格を保つためということもありますが、それ以上に、社会で恥をかくような人間にはさせまい…という「社会の公器」としての使命でもあります。

業務さえ普通に回してもらえばそれで良い、ということでは無く、挨拶はもちろん、にこやかな表情など、好感をもたれる振る舞いができ、そして当たり前のこと…「凡事徹底・継続」がきちんと出来る人間に育って欲しいという願いを込めて、良い意味でお節介をすることがリーダーや先輩の役割では無いかと思います。

必然、一挙手一投足の磨きに指導が至ります。

ただし、重箱の隅をつつくような、至らぬところをネチネチあげつらうような嫌らしい指導法はまったくもって論外です。「法は人を見て説け」にあるように、「人情の機微」に心を配りながらその人の感情を推し量りながら、「感情的ＹＥＳ」（＝腹落ちすること）に導くことが大事です。感情的に「ＹＥＳ！」とならなければ、逆に嫌～なしこりを残すことになり、モチベーション（＝心に宿すいきがい）は高まるどころか下がってしまいます。

それは相手（スタッフさんなど）の立場を考えない、愛情の薄い指導者のすることです。

②Ｔ・Ｐ・Ｏに配慮して心に寄り添う

論語の中に、「教えありて類《たぐい》なし」という言葉があります。

先生（孔子）は弟子にこう言われました。「教育は人を選ばない。どのようなタイプの人でも教育によって向上する」と。

これを私流の解釈を加えて読み解くと、どのような人でも、施す教育次第で、潜在力が顕在化する可能性がある。そして、人間は、出会いや教育がきっかけで良い方向に変るもの。ただ、その方法や使う言葉は人によって変える必要がある。教育は相手の立場や感情としっかり向き合ってなされるべきであり、T・P・Oを考えてなすべし、という理解になります。

TはTime（時間・タイミング）、PはPlace（場所）、OはOccasion（場面）を意味します。人（相手）は感情の生き物。指導の上で、T・P・Oを配慮せずに、正論だけを言っても、相手の心にストン（感情的YES）と収まらない限り、正しい指導とは言えません。

大事なことは、正しい発言が「感情的YES」に繋がるためのアプローチの仕方、その優先順位です。

アプローチとは、日頃の活動において、相手に対し関心（＝愛）を寄せ、対話を重ね、感謝を忘れず、心の通い合う関係づくりに意を注ぐということです。

スタッフさんのみならず、相手の立場や心の痛みをまずは理解して、その痛みに寄り添って、一緒に課題を解決してあげるために心砕く姿勢が信頼に繋がり、ひいては指導する側の発言に胸襟を開き、素直に指導を受け止めるようになります。

一方、スタッフと、まだコミュニケーションの距離（心通い合う関係）が縮まって居ない間柄でも、大事なことはすぐその場で理解してもらわねばならないこともあります。もしスタッフに「会社のらしさ」に適わない行為があった時は、会社の使命や風土に照らして、ただちに是正指導が求められる場合があります。

対象になったスタッフにとってその場面は、何がしかの痛みが伴うかも知れませんが、後々その痛みには、リーダーの深い愛情があったと気づくと同時に、将来、そのスタッフがリーダーに成長したとき、経験に裏打ちされた指導力という形で開花します。

人材育成の責任者としての意識が高い経営者・リーダーは、スタッフの「心の綾」や「人情の機微」を解して、厳しくも温かく成長を支援する、心にくい心理学者とも言えます。

③直接言わず、型を示して指導する
～T・P・O配慮で腹落ちしてくれた「電話対応」～

具体的な事例でお話しします。その前に、事例が起きる環境を少しばかりお伝えしておきます。

１９８５年６月、モスは３００店規模に達し、さらなる成長を目指し、年間１００店近い出店を計画していました。私は、その出店開発業務を担う、店舗開発部の責任者でした。業務は、モスの理念に相応しいFC加盟者のリクルート、適正立地の開発、店舗デザインの設計、キッチンシステム構築、時にはグランドオープンのサポートなど多岐に亘っていました。10人ほどの部署でした。三桁を超える出店戦略を計画通りに推進するための開発要員の補充も積極的に進め、さまざまな分野の経験者を採用しました。

その中に中途採用者のIさん（当時30才）がいました。直営店などでの研修を経て、私の部署に配属になった人で、流通関係からの転職でした。人当たりの良い好青年でした。

部署でのオリエンテーションも済ませ、早速、実務に取り掛かってもらいました。

私からは常に始業30分前の出社をお願いし、早く業務に慣れることと同時に、感じの良い電話の受け答え(当時はPCが無い時代。机上電話でのやり取りがとても重要なコミュニケーションでした）が出来るようにしましょう、と、お手本も示しながら、指導をさせていただきました。

その当時、決して広いとは言えないワンフロアに、創業者も役員も全員おりました。おのずとそれぞれの電話のやり取りが聞こえてきます。創業者の電話ももちろんです。

創業者を筆頭にハキハキと丁寧な電話応対がモスの風土でした。「ありがとうございます」と言う時は、見えない相手でも深々と頭を下げておりました。

さて、オリエンテーションの済んだIさん。配属当初はハキハキした電話応対でしたが、ある日の朝、外部からの電話を受けた時、いつものオクターブ高い声では無く、どこか沈んだ、元気の無い声でした。

私も「ん！まずいな…あとで注意しよう」と思った矢先、創業者が私の机の前に来て私に向かって、

「田村さん、今の電話のやり取りを聞いて、何とも思わないのですか？こんな抑揚の無い、元気の無い、気持ちの籠っていない応対を聞いて、何とも思わないのですか？」

さらに「電話は相手の顔が見えないし、気持ちも伝わりにくい、だからより丁寧に明るく元気よく応対する必要がありますね。田村さんも聞こえたはずだから、直ぐに注意し、教育してください。」

私の目をしっかり見て、厳しい表情でした。

私「申し訳ありません、直ぐに指導し直します」…弁解もフォローの余地も全く無く、ただただ責任者として反省しきりでした。

私への注意と指導だけをされて、創業者はそれ以上語らず、すぐに自席に戻られました。

Iさんもすぐに修正して、その後元気な応対になりました。それなりに事情はあったのだと思いますが、一切言い訳せず、前よりも見違えるほどの応対になりました。

2～3日後、創業者とトイレで顔を合わせた時、「Iさん、応対良くなったね～」と言っていただき、ウルっとくる思いでした。もちろん、Iさんにもお伝えし、Iさんの目が心なしか潤んでいたのを覚えています。

しばらく後にIさんから聞いた話です。

「創業者は、直接私にはこの注意・教育の言葉はひと言もありませんでした。正直、私にはこの注意・教育の仕方は効きました。田村さんに申し訳ない気持ちと、30才になって電話の応対の注意・教育をされ、情けなさを強く感じました。また、創業者のおっしゃった『電話応対は『相手の顔が見えない』『気持ちが伝わりにくい』、だからこそより丁寧に明るく元気よくする必要がある」が強く心に響きました。

朝早く出社すると、誰よりも早く創業者が出社されていて、前日の商談や打合せの御礼など、丁寧に申し述べていて、それを何度も聞いていました。電話を耳に当てながら、丁寧にお辞儀をしている姿も拝見していました。

目の前に見本（型）がありました。

そしてあの時、創業者が入社間もない自分に直接、注意・指導しなかった意味が良く理解できます。その心配りや愛情を感じ取ることができました。この痛みは自分の大きな財産になりました。もしあの時、創業者が自分を直接注意していたなら、子供では無いので、頭で理解は出来ていたと思うのですが、恐怖心のようなものが心に残り、ミスをするまいという、縮こまった仕事態度になっていたかも知れません」

Ｉさんにとっては、忘れがたい教訓になったようです。

いや、むしろ私の方かも知れません。電話応対の「基準」を軸ぶれさせずに持つこと。たかが電話、されど電話。その重要性を浸透させるのは、リーダーの大切な役割。その基準（型）を示さねば、何でもありとなって、「らしさ」に乱れが出ること。

そして、最も学んだ点は、スタッフ指導の在り方です。スタッフとのコミュニケーションの距離（過ごして来た時間や、会話の量、感情の置き場）などによって、指導の仕方を変えること。

Ｔ・Ｐ・Ｏを考え、心の綾、人情の機微を感じ取り、いかに心に落として理解してもらうか…しかも、出来れば一石二鳥～三鳥の効果が出るように、アプローチすること。

この事例の場合の一石二鳥～三鳥は、Ｉさんには、「見えない相手へ好印象を与える電話応対の基本（顧客志向マインド）」を、そして私には、「担当リーダーとしての役割と意識、マンネリの戒め」を。社内には「このケースから気づいてもらう電話の仕方の我が社の『らしさ』（大切な風土・文化）」を教えようとしたものと思います。

まさに、経営者・リーダーは心理学者であるべきを学んだ、忘れがたいエピソードでした。

それからのIさんは、商品開発（私と共に）等で業績を残し、海外に赴任し、モスグループの台湾のM食品メーカーの代表を務めた後、モス国際本部の顧問を務めていますが、この時の学びは今でもIさんの仕事観の大切な柱になっているようです。

④人を選ばない「人間志向」

もちろん私にとってもこのエピソードは、人材育成の上で、相手の心の綾や人情の機微に想いを馳せながらの指導がいかに重要であるかを学ばせていただいた忘れがたいケースでした。

顧客志向の高い人材を育成するためには、普段の出来事の好例も悪例も無駄にせず、それを学びや教えに生かす意識がとても大事です。

そこには顧客を志向するのと同レベルで仲間を志向する愛情がありました。

人を選ばない「人間志向」こそ「類のない教え＝人を選ばない教育」の実現に不可欠な要素だと私は思います。

第４節　トップダウンとボトムアップ両輪で「顧客志向」を実現

①学び無くして刺激無し～リーダーに必要な学び（アウトプット）～

第４章第２節で、モチベーションの高いスタッフが居るチームや店には、尊敬されるリーダーが存在すると書きました。

そのリーダーはスタッフの成長・ワクワク感向上のために、さまざまな刺激を運ぶ「風の人」であり、その為に常に沢山の情報を浴び、そこからそれぞれのスタッフに相応しい刺激をアウトプットして、伝えてあげることを怠らない人であると記しました。

それは「義務感」ではなく「使命感」からの行動。スタッフと共に歩み、共に成長することが自分の喜びであるという信念からの行動でした。まさにリーダーの学びはスタッフの成長の為であり、スタッフの成長のためには、まずリーダー自身が誰よりも向上心をもって成長し続ける意識が大切です。

その意識は、おのずと圧倒的な行動の量の違いとして表れます。

日光東照宮で有名な猿の彫刻「三猿（見ざる、聴かざる、言わざる）」とは反対の「よく見る、よく聴く、よく話す」姿勢です。

常に自分の仕事の目標やカテゴリーを意識して、純粋な好奇心に任せてモノを見ること（観察眼）、いろいろな人と出会ってその人の経験や知見に耳を傾けること（傾聴）、そして情報交換や伝える場づくり（対話・表現）、そういう行動機会（インプット）を増やすことが自分磨きになり、結果、スタッフの成長をサポートするアウトプットにつながります。

②「学び」の本質は「寄り添う力を身につける」こと

向上心があり努力家なリーダーの下で働くスタッフは本当に幸せであると思います。逆に成長への努力を怠っているリーダーの下で働くスタッフは、不幸だとも思います。

もっと言いますと、成長の止まったリーダーはスタッフの成長の機会を創れないと言えます。

それは会社や店、ひいてはお客さまにとって大きな不幸です。

そこに気づいたリーダーは意識を改めるか、立場にしがみつかず別のふさわしい人材にリーダーの立場を委ねるべきです。

もっとも自己認識の前に、会社から何がしかのお沙汰があることも覚悟が必要ですが。成長ということをあらためて考えてみると、「どの人も皆お役立ちの存在である」という、本来人間に与えられた「人生の意義」を成し得るために、自分ならではのお役立ちの分野を磨き、さらに幅を広げていくことだと感じます。人を喜ばせ、人に頼りにされる分野を持つことです。

そして相手の気持ちに寄り添う力を身につけるということです。それが学びの本質と思います。

③４つの理論を実践し平均労賃地域トップに ～「ＮＰＯ法人ほっと悠」の村田さんの「学び」～

その学びをぶれなく、愚直に実践している経営者がいます。

私の尊敬する友人の1人で、福島県南相馬市で障がい者施設「ＮＰＯ法人ほっと悠」を運営する、村田純子理事長です。ほっと悠は、心身に障がいを持った人たちがさまざまな作業を通して自立の力をつけ、社会復帰を目指すための障がい者福祉施設（就労支援Ｂ型事業所）です。この施設は、村田氏が50歳の時、障がい者を持つお母さんたちから頼まれてゼロから立ち上げたものです。

理念は、

1．障がい者の人づくり。就労支援を通して、障がい者自らが学びの心を持って働くことで、心豊かに社会生活を送ることが出来るようにする。

2．心の輝きを増す。障がいがあろうとも学びの姿を持って、人間の中身を磨くならば、その輝きが「障がい」という3文字を薄めるだろう。

この理念の元、心優しいが故に、精神に障がいを持つ方、あるいは身体に知的に障がいを持つ方々、そんな仲間達が集う、ほっとする場所が「ほっと悠」。そこで障がい者も健常者も隔たりなく、共に手を取り合って働ける「オンリーワン」の施設を目指しています。（NPO法人ほっと悠ホームページより）

素晴らしい理念です。理念の実践として掲げていることは、

1．思いやりをもつこと

2．明るい挨拶をすること

3．ほう（報告）・れん（連絡）・そう（相談）をきちんとすること
4．感謝する心をもつこと

です。特にこの4点を村田氏が率先垂範し、人と人のつながりを大事にし、可愛がられ、人の気持ちを汲める人の育成を目指しています。その先に自立心への期待が込められています。

さらに村田氏は、「不易流行」を行動指針に掲げ、「人さまの喜ぶこと&人さまのお役に立つことをやる!を持ち続け（不易）、１００歳までも失敗を恐れず、色々な体験&挑戦をやり続け、感動を得る!（流行）Challenged（チャレンジド）集団として、成長し続けていきます」と語っています。

村田氏のこうしたインプット&アウトプットの努力、その教えを受けたスタッフさん、メンバーさんの尽力により、２０１０年には、平均労賃は地域トップになりました。

村田氏は今までを振り返り、人生の転機になった大きな出来事は、東日本大震災をあげています。

12年前、予測不能なまさかの坂が待ち受けていました。忌まわしい大震災です。

あの大震災で、スタッフさん達の家や家族が流され、また原発近くに住んでいたスタッフさんも自宅には戻れない状況で故郷を後にし、各地に移動して行ったため、事業の縮小を余

儀なくされ、途方にくれていました。そのような苦悩の日々を過ごしていたある日、残ったメンバーさん（施設利用の障がい者）５名が「理事長！今一度一緒に働きたいよぉ～！」と言ってきました。その子たちの「働きたい！」という強き言葉に背中を押され、涙し、再スタートを切りました。（村田氏談）

以来、現在は、スタッフさん（障がい者の支援者である施設の従業員）18名で、メンバーさん40名のケアに当たっています。

人生も施設も、山あり谷ありですが、それを皆で力を合せて乗り越えてきたお陰でメンバーさんもスタッフさんも、人間的に一回りも二回りも成長した実感を得て、感慨深いものがあります、と述懐されています。

村田氏は、メンバーさん・スタッフさんの成長こそが、自分の喜びであり、その先にこそ事業の成功があることをしっかり心に刻んで活動されています。皆さんの成長に惜しみなく「愛」（情報も）を注いでいます。「風の人」のお手本です。

村田氏は学びに貪欲です。そのための行動の量たるや、驚かされます。南相馬のエリアに留まらず、有益な情報源があると知るや、関東、関西…など、あちこち出かけて行きます。自ら長距離運転での日帰り出張も厭わずにします。人一倍働きますが、趣味などのプライベートも、好奇心の旺盛さに任せ、動と静を切り替えながら、どちらも半端無く取り組んでいます。

そのエネルギーの背景には、メンバーさん・スタッフさんの成長のため…という深い「ワケ」があるからです。その「ワケ」が積極的な行動に駆り立てるのです。

そこで得た体験や学びは、メンバーさん・スタッフさんへの還元はもちろんのこと、親しい友人にも手書きの手紙やメールで送ってきます。本当にマメです。

メンバーさん・スタッフさん（土の人）は、村田氏が出かけて帰ってくるたびに、「今回はどんな話（刺激）を聞かせてもらえるか？」とワクワクして待っている様子。それが自分の成長のエンジンになっていることを実感しているようです。

先日、村田氏からいただいた手紙にこう記されていました。京都大学元総長の平澤興先生の言葉を引用され、「賢いと燃えることができない。燃えるためには愚かさがいる。愚かさは力です」と。

「私たちの施設も、損とか得など考えないで、只々ひたむきに愚直に邁進する愚かな人間集団でいたいと思っております。そしてどんな困難な場面においても乗り越えられる『人間力』をも身につけていく努力をしていきます。これからもどうぞよろしくお願い致します」。ウルっと来ました。

村田氏は周りを楽しく、明るくするパフォーマンス豊かな方です。オープンマインドです。

いい意味の隙だらけなので、周りに警戒心など抱かせません。「愚かさは力」と言っていますが、決して愚かな訳ではありません。むしろ、しばらく一緒に居たいと思わせる、賢く燃えている気配り人です。

前述の観察眼、傾聴力、対話力にとても優れています。好奇心旺盛です。それだけ話題が豊富です。

そしていつもスタッフさんをワクワクさせています。気持ち良くお役立ちの行動に駆り立てています。

マネジメントは人の心を前向きに動かすこと。日々その技を磨いています。業種こそ違え、まさにマーケターの在り方や学び方の見本になるものです。

スタッフさんにとって、村田氏は、生き方をマネしたくなるような存在なのだろうと思います。そしてさまざまな「刺激」を与えるくれる人なのだと思います。

勤続8年のベテランスタッフ戸川有希さんが村田氏についてこのように話してくれました。

「村田理事長は面倒見が良く、褒め上手です。しかし人への感謝心が足りなかったり、人の気持ちを汲むことに希薄な行動した時は、とても厳しい人です」と、前置きしながら、次のようなエピソードを語ってくれました。

④４つの幸せを為す教え～コンビーフに込められたトップの想い～

ある年末のボーナス時のこと。あまり怒ることの無い理事長が激怒されました。ボーナスの時は、理事長が一人一人のスタッフに労いの言葉と評価のコメントと共に、現金支給をし、さらに感謝と激励の心のこもった手書きの手紙をくれるのだそうです。

ある年末の時は、さらに貴重な品物まで添えてあったようです。

それは入手困難な生のコンビーフ。後から知ったのですが、何か月も前から予約が必要で、その時期にしか手に入らないレアものだったようです。

それを理事長が自身のネットワークを通じて特別に手に入れたものでした。理事長は常々、一流を目指せ！そのために一流を知りなさい！ということをおしゃっていて、それを皆さんに体験して欲しかったのだと思います。そして喜んで欲しかったのだと思います。そのためにかなりの神経と時間とお金を費やされたものでした。お金は理事長の自前でした。

要冷蔵のフレッシュなコンビーフ（ビニール包装済）に、さらに理事長がご自身で用意されたきれいな包装紙で一人一人のために丁寧に包み、さらに手提げ袋に入れ、それを事務所から離れた、作業所の大型冷蔵庫に入れておいてくれました。事務所の冷蔵庫は小さくて入らないためです。寝ずの準備だったようです。

面談の時、「帰りに歩かせて申し訳無いですが、作業所に寄って、大型冷蔵庫から持って行ってください」、とお話しいただいていました。

ところが、戸川さんはじめ一部のスタッフ（5～6人）は、帰りのギリギリの時間に事務所から離れた作業所までそれを取りに行くのがシンドイと思い、それぞれ休憩時間に、作業所の冷蔵庫まで取りに行き、事務所の冷蔵庫に移し、帰りに持っていきやすい方法を取りました。

事務所の冷蔵庫はキャパが無いので、手提げ袋や包装紙をばらして、冷蔵庫に入れました。そのことを理事長が知ることになります。激怒されました。

入手困難なレアもの、それを日頃頑張っているスタッフに食べさせてあげたい一心で特別に手に入れ、そしてそれを夜を徹して心を込めて包装したその思いが伝わらなかったことが、とても寂しく、悲しいものだったに違いありません。

翌朝の朝礼で、「あげた方の気持ちを考えなさい！たまたま身内であったわけですが、これがお客さまからだとしたら、そしてそのことがお客さまのお耳に入ったら、お心遣いに水を差し、一挙に信用を失います。そして怒ってはくれません。黙って去る（施設を使わなくなる）だけです。日頃私が皆さんに申しあげている、『人の気持ちを汲み取る』ことの大切さをこのケースからしっかり学んでください。恩の押し売りをしているつもりはありません。

人と人との関係づくり、感謝の心をしっかり学んで欲しいのです。有言実行しましょう。」

そうお言葉がありました。

「普段、理事長が『人の気持ちを汲める人になれ』とおしゃっていることに対してあの時の行動は軽率だったこと、心配りが足りなかったことを仲間同士で猛省しました。恥ずかしい思いでした。」

と戸川さんは述懐されました。スタッフの皆さんで、涙したそうです。

厳しい叱りは、愛情の発露でもあります。そして村田氏は素晴らしい経営者であると同時に、優れた教育者でもあると思います。そして人間学を教える、人生道場の師範でもあるかのようです。

話し終えた戸川さんがメモ帖を取り出し、ある時、村田氏に教えられた言葉を紹介してくれました。

人としての究極の幸せとは…

1. 人に愛されること

2. 人に褒められること

3. 人の役に立つこと

4. 人から必要とされること

「健常者であろうが、障がい者であろうが、この究極の幸せを目標にして日々歩んでいくことが大事なことと思います。学校ではなかなか教わることの無い実学、人の道を、お給料をいただきながら、学ばせていただいています。理事長には本当に感謝でいっぱいです」と、笑顔で明るく語ってくれた戸川さんの目がキラキラと輝いていました。

おそらく、この教えは、村田氏がたくさんの行動から学んできて、そこに自分の体験を重ね、そして言葉になって表れたものと思います。学びが、スタッフの成長のエンジンとして還元されたものと思います。

村田氏のような人にこそ、人（メンバー・スタッフ、友人）が集まってくるのだろうな…そう実感させます。メンバーさん・スタッフさんから尊敬され、モラルを大事にして、楽しさを演出する賢いパフォーマンスのできる人のところに人は集まり、結果的に繁盛の商いにつながるということを、村田氏の姿勢は教えてくれます。「風の人」、マーケターとしての「一流」のマインドがそこにはありました。

⑤ゴルフ場でゴルフをせずに商品開発～アイスコーヒー開発秘話～

私のエピソードも１つご紹介します。

その前に、村田氏同様、モスの創業者も、行動の量が半端無い方でした。まさに「風の人」でした。

社員・スタッフの成長を心から願い、それを支援するための情報収集や提供を惜しまずに行い、そして独自戦略に磨きをかけるためのヒント探しに、プライベートや趣味の時間においても観察眼をフルに働かせていました。窮屈にでは無く、とても楽しんでいるようでした。

その背景には、モスの仕事の価値（ミッション）に誇りを持ち、目指す目標（ビジョン）が明確で、心から好きな仕事をやっているという強い意識があったからだと思います。

「このような所でも、観察眼を働かせているんだ！」（私）と感じたエピソードがあります。

私が商品開発部長であった時、創業者から「アイスコーヒーをもっと美味いものに改善してくれないか」との指示を受けました。「今（１９８０年当時）以上に、酸味と苦みのバランスが良くすっきりな飲み口でキレのよいもの」…どこかのビール会社の商品コンセプトのような表現でした。

「たかがアイスコーヒーされどアイスコーヒー」で、とてもハードルの高いテーマでした。

担当者とともに、数かぞえられないほどの試作をしましたが、なかなかＯＫをもらえません（当時の最終商品決定者は創業者です）。何度もコンセプトを繰り返し話されるのですが、何せ味覚感性の問題、コンセプトから受ける「味の感覚」が、私と創業者でどうも違いがあるようです。

その後も何度か提案をするものの玉砕し、その時の私の顔の曇りを察知してか、「気分転換に…」と休日のゴルフに誘われました。喜んでついていきました。神奈川県のある有名なゴルフ場でした。

お天気も良く、午前中はすっかり楽しませてもらいました。

昼食時間にそのエピソードが待ち受けていました。お互い、和食の御膳をいただきました。

創業者「後半のスタートまでまだ時間あるから、お茶しましょう。田村さんは、何にするかな？」

私「（和食でしたから）日本茶にします」

創業者「私はアイスコーヒーにします」

その段階で、私に緊張感が走りました。次の展開が想像できました。そして恥ずかしさが込みあげてきました。創業者は笑顔で、「ちょっと飲んでみて」とそのアイスコーヒーのグラスを私に差出しました。

一口飲んだ瞬間、私「うまい！」。創業者が何度も私に語っておられた、酸味、苦みのバランスが良く、すっきりしたキレの良い味わいでした。

創業者「こういうアイスコーヒーにチャレンジしてみてくれないか。もっともここのは手間もかかり、価格が高い。客層も違う。同じものを作るのは無理があるのも承知だが、これに近い品質のもので、ハンバーガーとの相性の良いものをモスで提供してみたいんだ。よろしく頼みます」

私は、その瞬間に、ゴルフに誘われた理由を悟り、頭は明日からの試作のことでいっぱいになり、後半のゴルフを楽しめるどころではなくなりました（最低のスコアだったと記憶しています）。

けれども、創業者の心遣いに深い「愛」を感じました。

単に、こういうモノを作ってください！と指示するだけで無く、自らも情報を集めていたのです。

いろいろ試飲されたと思います。その過程で、ある接待の折にこのゴルフ場のアイスコーヒーと出会い、自分（創業者）の求める味を表現していることに気づきを得たものと思います。

特に「味覚」に関する案件は、言葉だけでは伝えにくいもの。私に対しても、より具体的なものを味わってもらうことを通じて、コンセプトを「舌」に刻んでもらおうと考えたのでしょう。

事前に創業者が、「自分が言っているコンセプトに近いものが、（その）ゴルフ場にあるから、飲みに行こう！」と言われていたら、行く前から私が身構えてしまって、自然体で受け入れるのが難しいのでは…そうした心理的な側面にもご配慮をいただいたのではないかと思います。

その後、舌に感覚を刻んだお陰で、共同開発社との研究（豆の選定、ロースト、製造の在り方、殺菌法…など）がスムーズに行われました。もっとも共同開発社の担当者も、時を置かず、このゴルフ場に行って（ゴルフをやらず）、アイスコーヒーを賞味してきたようです。味覚の共有ができました。

それからひと月半後に、創業者からＯＫをいただいた瞬間、涙がこぼれました。

⑥リーダーは部下の成長に「伴走できる器」を持つ人

リーダーは、自分が指示したことに責任を持ち、もしそのテーマに部下が壁に当っていると感じるや、いかにそれをサポートするか、そのための材料を、今までに蓄えたインプットの引き出しから引っ張り出して提供出来るか、あるいは、無ければ、新たな材料探し（インプット）の旅をするか…ともに歩み、共に悩む姿勢がとてつもない信頼につながるものと思います。

スタッフの成長こそが、自分の喜びであるという使命感が圧倒的な行動の量となって現れているものと思います。

この人についていけば、これからもきっと良い影響をたくさん受けられそうだ…そう思わせるリーダーは、部下の成長にしっかり寄り添い、伴走できる器を持っている人かと思います。

⑦トップダウン⇓ボトムアップで「お役立ち」を奔らせる

誤解を恐れずに言えば、私は、組織とは基本的にトップダウンで動くものだと考えています。ここで私が言う「トップダウン」とは、圧倒的な行動量でインプットに奔走し、組織内にアウトプットを投下していくリーダーの行動のことです。リーダーが奔り、それを追って（あるいは追い越そうと）スタッフが前向きに奔る姿を引き出すのがトップダウンだと考えます。時に、総合力では敵わなくても、個々の局面でリーダーに迫る追走者が現れるかもしれません。そうした時、組織はさらに活気づき、それがボトムアップになると考えます。

インプットもアウトプットも無く「経営者の気持ちになって働け」とスタッフを叱咤する経営者がいたとしたら、それはボトムアップを求めるものでもなく、トップ機能がダウン状態の、ただの責任の放棄です。

リーダーが奔走し、その背中を見せることで、ボトムアップを促すことができます。

創業期は当然のこと、人が増え組織化しそれが大きくなっても、リーダーを先頭にトップダウンで組織が奔る基本構図は変わらないと思います。

そこには、言うまでも無く、共に走る姿勢、愛情が必要です。スタッフが全く付いてこれない速度で（あるいは付いていけない方向に）走るのもNGですが…これは「ワンマン経営」と言われます。

まずはトップダウン、そしてボトムアップ。この両輪で共に情報を集め、創造力を発揮して、お役立ちの提案を具現化していくことが大事です。

そしてその両輪の共通マインドは、お客さまの満足を実現する「顧客志向」です。

第5章

顧客志向を具現化するマーケターの学びとお役立ち

第1節　私のインプット&アウトプット
～歴史に学び、経験にも学ぶ～

①マーケティングとの出会い～日本一高価な塾でインプット～

私が「マーケティング」を強く意識するようになったのは、ある研修会がきっかけでした。当時33才だった私は、外食の現場で汗を流す肉体労働派。マーケティングという言葉は聞いたことはあっても、本格的に学んだことはありませんでした。

伺ったのは１９８４年に開講された、日本マーケティング塾です（２０１９年閉塾）。マーケティングの権威者である、故水口健次先生、故鳥居直隆先生、故大歳良充先生、前相談役三浦功先生の４人によって創設されました。

創設の趣旨が当時のある冊子にこのように記載されています（概略、抜粋）。

「（当時）不安定な低成長経済のもとでの急激な円高、成熟社会化による需要の質的変化、感性と価値観の異なる消費者群の出現、その中における企業間格差の激化…そのような経済環境において、企業が21世紀に向かって成長発展していくための原動力は、一体何であるか。

それはマーケティングパワーの強化・革新であり、企業の中にそれを担う優秀なマーケティング・スタッフがどれほど居るか、そしてどれだけ現況変化に対応した確かなマーケティング戦略が立案できるか、それをトップ・マネジメントが断固とした決意で遂行できるかが、これからの企業の成長にかかわる最大のポイントです。

まだまだ日本はマーケティングエキスパートの育成が不十分です。

ますます厳しさを増す国内の企業間競争と国際化する経営において、いま何より求められているのが総合的マーケティングパワーの向上です。具体的には、優秀なマーケティング・マネージャーの育成です。あえて『塾』として、塾生と講師が全人格的触れ合いと交流を通してマーケティング発想を身につけ、具体的ケーススタディによって実践的研究の掘り下げをし、これからの日本経済の発展と企業の成長に役立つ、実力を持ったマーケティング・マネジャーを育てたい、と考えたからです。」

塾訓は〝常に波濤に立つ、全人格的な触れ合いでの人づくり〟です。

とても「志」の高い塾でした。会費もおそらく日本の研修会としては最も高い(半年間、毎月２泊３日で１８０万円）ものだったと思います。私は創設翌年（１９８５年）、第２期生として入塾しました。33才の時でした。モスから４人が派遣されました。

きっかけは、モス創業者から、突然日本マーケティング塾への参加を指示されたことです。「行って来なさい！ちゃんと学んで来なさい！」と、半ば強制でした。当時、株式公開（旧店頭登録）を目前にしていました。それまで創業者がワンマンで引っ張っている会社でしたが、新体制を踏まえ、次世代の育成を視野に入れてのことだったと思います。

先生方の講義は、専門用語も多く、ストーリーとしての理解も断線し、メモも長続きせず、睡魔と戦いながら、苦痛の時を過ごしたものでした。知名度の高い有名企業の選抜されたエリートたちの基礎知識の豊富さ、そして高いディベート力やプレゼンテーション力に圧倒されながら、逃げ出したい気持ちとともに、当初ついていくだけで必死でした。

②「See」では無く「Watch」で ～顧客を「人間」として捉えるマーケティング視点を学ぶ～

ところが、こんな昼行燈な私にも、この塾での立ち位置があることを知りました。２泊３日の研修には、しっかり課外授業も用意されています。

いわば、全人格的触れ合いタイムです。アカデミックな時間がある一方で、極めて人間的な時間、そんなカリキュラム？があるのです。それは４人の先生方がお酒好きであったことにも関係しています。

ある時の課外授業（酒席）で三浦功先生が「マーケティングは学問そのものの前に人間学、人の感性や感情そして人間関係を学ぶことなのです」とおっしゃいました。そのお言葉が、苦痛の研修の場面で救いの神に出会えたような、心にストンと落ちるものを感じました。

出来の悪い私でも、分かるもの（感じるもの）でした。

マーケティングの基礎知識の習得も大事ですが、それ以上に大事なのは人（お客さま）の感性や感情を理解すること。そしてお客さまの心を揺り動かす提案をする為には、お客さまの求めるもの（ニーズ・ウォンツ）を知らなくてはなりません。そのお客さま（ターゲット）はいったい誰で、どういう提案をすればお喜びいただけるのか…です。

まさにそのお客さまとの感性の戦いであることに気づかされました。

そしてマーケティングは「生きた学問」として、身近な生活、その周りにいっぱいテキストがあることにも気づきました。

もっともっと人間に興味を持とう、買い物現場に足を運んで、売り方やお客さまを良く観察しよう…そう心に刻み、事象をさらっと見る「See」では無く、視点・視座を持って、しっかり見る「Watch」を心がけました。この店はどのような客層か、売れ筋は何か、それは何故か、単価はどれくらいか、目を引くＰＯＰはどれか…などなど、楽しみながらマーケティングを学んでいきました。

この塾を卒業して1年後の１９８６年に商品開発の責任者に任命されました。私は味づくりの天才ではないので、いきなりモノ作りをする力はありません。この塾で学んだ、環境や顧客の変化の分析手法やターゲットの決め方、具体的商品開発の進め方などを参考に、ＰＤＣＡを丁寧に回しながら、プロセスを踏んでいきました。そしてチームで商品開発する体制を作っていきました。

味づくりは、「天才」の創業者に手ほどきを受けました。

そして塾で学んでから2年後にホットドッグ、そしてモスライスバーガーを、その2年後にはロースカツバーガーなどを、波長の合うチームで開発することが出来ました。

モノという品質の価値のみならず、お客さまにとってのベネフィット（商品・サービスから得られる利益や効用）を思考に入れることが出来たればこその開発だったと思います。それが出来たのも、日本マーケティング塾での学び、そこでのインプットが大いに役立ったことは言うまでもありません。

「塾」ではなく、単なるセミナーであったなら、こうも実のあるものにはならなかったと思います。

③今のお客さまは誰ですか?～常に顧客変化にアンテナを向ける～

一方、恥ずかしい体験もありました。塾長の水口健次先生の晩年、無理をお願いして、モス（本部）にご来社いただいたことがありました。既存店売上が低調に推移している厳しい時期でした。

アドバイスいただきたいと思いました。

十数人のグループで売上回復策を語りあっていました。先生はそれをじっとお聞きになっていました。

発言が下火になったタイミングで、先生が発言されました。ややあきれた口調でした。

「売上をあげる方法論の前に、あらためて今のモスのお客さまは、誰か?ということをしっかり分析してそのお客さまの求めているものは何か?あるいは不満に感じていることは何か?を整理し、今一度、組み立ててみてください」

そう言われました。その時の我々は、「顧客の変化」の分析がアバウトだったように思います。当然のことなのですが、お客さまの嗜好や、モスを選んでくれる客層自体が成長期と比べて変わっていました。個人レベルでは薄々気付いていていましたが、会社としては顧客の変化を軽視しており、要するに、「今のお客さま」を見ていませんでした。そこを鋭く指摘されました。今でもそのお言葉は耳にしっかり残っています。

そしてそこが、マーケティングの原点であり本質であることを再認識させられました。以来、私も、業績の良し・悪しに関わらず、企業へのアドバイスをさせていただく際は「オタクのお客さまは誰ですか?」を真っ先に確認するようにしています。眼が点になる会社が以外と多いです。

その「マーケティング塾」で同じ釜の飯を食べた仲間（Ⅱ期生）との交流は35年以上経た今も続いています。私にとっては、とても大きな「人財産」です。

それを紡いでくれた日本マーケティング塾に心から感謝しています。

因みに、日本マーケティング塾は51期までの35年間で、約850名の卒塾生を送り出しました。

そのかなりの卒塾生が今やさまざまな企業のトップマネジメントやミドルマネジメントあるいは大学教授などとして、塾で学んだ知識や仲間からの交流によって得た、「生きたマーケティング」を実践し活躍されています。

④「教える」というかたちでアウトプットを
〜北海道「地域フード塾」でのお役立ち〜

マーケティング塾でのインプットに加え、その後の実務経験（失敗も）についても知識として整理しながら、さらにそれを分かりやすく伝える力も磨いてきたつもりです。そのことが現在のアウトプット（成果、お役立ち）に生きています。そのアウトプットの一端についてお話しします。

特に、6年前から北海道食クラスター「地域フード塾〜絶品コース」の講師も務めさせていただいています。内容を簡単にご紹介します。

この地域フード塾は、北海道庁が委託者となり、一般社団法人流通問題研究協会（以降IDR、橋本佳往専務理事）が受託者として、運営にあたっています。

「地域フード塾の目的は『北海道の豊富な食資源の付加価値を高め』『北海道の食産業を担う人材を育成する』ことにあります。地域に存在する企業が活性化することが地域生活の発展とひいては地方創生につながるものと考え、それらをけん引する人材の育成をすることが、塾最大の目的です。」（企画書より抜粋）。

スタートは2013年。10年の歴史と実績を重ねてきました。卒塾生は260名を超えました。

塾生は、北海道内で、食関連事業（漁業、農業、畜産業、製菓業、飲食業、加工品メーカーなど）のスモールビジネスを営んでいる経営者やリーダーが中心です。

北海道の津々浦々から、1泊2日の研修（年5回開催）のために、長い距離を移動して参加しています。多数の申し込み者の中から面談によって選ばれた、これからの北海道の地域活性化を担う、熱き面々です。自身の姿勢や成長が経営や生活に直結するだけに、必死です。使命感に燃えているので、学びの吸収力たるや、目を見張るものがあります。

塾の理念・目的は、「小さくても自立した多数を育てる」、です。いくつかのポイントがあります。

北海道「地域フード塾」

1. 北海道の小さな企業のマーケティング戦略を学ぶ
2. 全人格的な触れ合いの場、講師も塾生も
3. 地域絶品づくりのマーケティングに取り組む、風穴をあける

4．ひとりじゃないんだ、仲間がいる、そして体験から学ぶ、実例から学び合う

スキームや進め方は次の通りです。

・「塾」形式です
・カリキュラムは、前述の日本マーケティング塾がモデルです
・何といっても「絶品づくり」です。ブルー・オーシャンの考え方を生かしています
・マーケティングの本質を学びます
・一方的な講義のセミナーでは無く、討議・演習・地域視察・卒塾生との交流を重んじています
・「5実主義」です。実例、実践、実務、実行、実現で具体的に絶品をプランします
・卒業論文（絶品プラン）を完成させます

私はIDRから委託を受け、特に商品開発の分野で、講義や実践指導に当たっています。講義を担いながら、絶品づくりや論文作成のための個別アドバイザーも務めています。

講義テーマは「何といっても商品力」です。主な内容は次の通りです。

・コロナ禍の変化と学び
・モスの健闘の背景にある基本戦略
・モスの創業マーケティング（モスのブルー・オーシャン〝凪〟戦略）
・フランチャイズ・ボランタリー・チェーンのマイチャネル
・ブランドロイヤルティ（愛着心）
・絶品の６つの条件
・絶品開発ポイントと開発プロセス
・私の絶品開発事例「モスライスバーガー」
・４Ｐ（Product 商品・Price 価格・Place 流通チャネル・Promotion 販売促進）について
・基本的価格の決め方　※詳細は省きます。

など、私自身の体験を「生きたテキスト」として話をしています。

塾生の会社はスモールビジネスが中心ですので、モス創業期の小さな規模の時の「価値創造の知恵」についての事例が特に共感されます。

よく世界のマクドナルドとの「差別化戦略」について質問されますが、創業期のモスはマクドナルドと比べれば、ありんこレベル。金は無い、ノウハウは無い、人材は居ない…ちっぽけな会社でマクドナルドとの差別化戦略を可能にするような企業レベルではありませんでした。

あるのは、大いなるロマンでした。

ただひたすら、ひたむきに日本人のお客さまの満足を追求していった結果が、「差別化」に繋がりました。アメリカ的なハンバーガーを日本の食に置き換え、和風ハンバーガーという独自ブランドを創造しました。経営資源が乏しい小規模企業が、どのようにして新しい市場を創造していったか…モスの事例はスモールビジネスの経営者にはとても役立つようです。そして私も夢を！と、パッションになるようです。

その他、それぞれの専門講師による講義・演習（マーケティングの基本、マーケティングチャネル戦略、SWOT戦略、マーケティング財務、デジタルマーケティングなど）を全体で5回（7月～翌年1月）延べ11日間のカリキュラムの中で学び、自社（参加企業）の絶品開発プランをまとめ上げます。

・参加企業の個別課題の相談

個別アドバイザーとしての役割は、

・それぞれの企業のＳＷＯＴ分析（Strength 強み・Weakness 弱み・Opportunity 機会・Threat 脅威）をし、絶品開発の攻めどころを探るお手伝い
・どのようなお客さまがターゲットか？ペルソナの考察
・具体的商品設計（４Ｐ）のアドバイス。古巣の商品開発担当時の経験を生かします
・３か年計画の作成のお手伝い
・約束論文の書き方サポート
・発表の仕方アドバイス

などです。

「絶品開発」というと、どうしてもモノ発想を優先しがちです。その前に、どのお客さまを狙うのか、どういう生活をしている方（ペルソナ）が攻めどころか…そこをしっかり議論します。いや、しっかり問い掛けます。

モノ発想で、味や形づくりを優先すると、議論が技術論に流れてしまい、気が付いたら、自己満足型の商品設計になりがちです。そちらに流れないように注意して導きます。

どのお客さまのどのニーズやベネフィットに応えていくのか、その深堀りが最も重要です。事前に作りたい商品案が漠然とあったとしても、この議論を避けてはなりません。

まずは、特に、3つの「W」をしっかり設計することをアドバイスしています。

・誰のために（Who）…ターゲット顧客の想定、ペルソナ
・どのようなモノを（What）…どのような商品か。顧客が得られるベネフィットは何か
ライバル社には作れない（苦手な）モノか？
・なぜ（Why）…顧客が選ぶ基準は何か。ライバルでは無く、あなたの会社を選ぶ理由は何か

それをベースに4Pをまとめ上げ、最終的に「3か年計画」の約束論文として書き上げます。

⑤ピンチをチャンスに変えた塾生～モノ売りからコト売りへの転換～

塾の学びによって、ピンチをチャンスに変えた取り組み事例をご紹介します。
第6期卒塾生の上森《うえもり》米穀店の鳥越弘嗣《とりこしひろつぐ》氏です。
上森米穀店は、旭川駅から車で5分程度の住宅地の生活道路沿いにあります。

創業は昭和20年（1945年）終戦の年です。創業者は上森清二氏。その後を継いだのが、義父にあたる惇氏です。現代表の鳥越弘嗣氏は娘婿です。前職は札幌にある有名ホテルのホテルマン、バイヤーなどを務めました。10年前に義父惇氏が倒れられ、急遽ホテルを退社し、後を継ぐことになりました。

鳥越氏は、「上森米穀店の営業は、99％が業務用米の取り扱いで、飲食店、病院、介護施設などが主な販売先でした。実店舗はありますが、お店に来店されるお客さまは一日1～2名でした。継承して5年が過ぎ、従前通りの経営ではなかなか発展性が期待出来ない中、走り続けて来た足を一度止めて、今後どうあるべきかを考える時期にありました」とその当時を振り返ります。

そのタイミングで、北海道上川総合振興局の勧めもあって、北海道地域フード塾6期生として入塾しました。地域フード塾では、マーケティングやチャネル戦略など各専門講師の講義の中で、「あなたは誰に対して商品を売っているのか」（＝誰のお役に立つのか）という問いかけが何度もありました。そのようなことは思ってもみなかったそうです。

お米そのものを売るのでは無く、ごはんを食べるいろいろなシーンを売る。お米の楽しみ方を提案する必要に気づきました。モノ（業務用米）を売るからコト（さまざまな生活シーンへのお役立ち）を売ることに頭を切り替えました。

そのためには、まず自分が楽しんで、得意分野のお米やごはんのことを多くの人に話すことから始めました。鳥越氏はサーフィンやキャンプが趣味で、たまの休日にご夫婦で出かけていました。そこでソロキャンプが流行っていることを知ります。そこで発想したのが、キャンプ用米「ソロめし」です。

一合の量です。コンパクトなプレート状（ヨコ10㎝、タテ20㎝、厚さ5㎜）の真空成型です。

米名刺

昨今は一合炊きの炊飯器もあり、毎日炊き立ての新鮮なものを残さずに食べたいというニーズがあり、それに対応したものです。この商品はキャンパー（以外にも）にとても支持されているようです。そこから発想が拡大し、同じ量とサイズの「米名刺」という商品も発売しました。

名刺代わりに、このお米を差し上げるものです。これがノベルティとして個人の祝い事や企業のイベントで使われているそうです。パッケージにはテーマに合わせたオリジナルの印刷もし、ニーズにあったブレンドを施し、個別対応型の商品として、これまた大人気のようです。

さらに、今までの業務用で培われたブレンド米技術（強み）を生かし、さまざまな方々のニーズに対応した、ユニークなコラボ商品米「ソロめし」が誕生しています。どれも利用シーン対応型商品です。

いくらご飯用、お茶づけご飯用、○○漬物に合うご飯、卵かけご飯用など…業務用の時には考えられなかった細かいチャネル開発によって、販路の拡大が実現されています。

B to BからB to Cへ。業務用卸から加工品へ。お客さまを捉え直し、業態を見つめ直すという変革によって、売上自体に大きな変動は無いものの、従来よりも10％も高い粗利を稼げるようになったようです。ピンチがチャンスに変りました。

鳥越氏にとって、地域フード塾での学びは、「自分の商いにとってのお客さまは誰？その生活はどう変化しているのか、強みを何か？」それらの分析・考察から、「モノ売りからコト売り」への気づきを得たこと、さらに多くの卒塾の仲間を得たことが、自分にとっては大きな収穫だったようです。

そして、現在は商品があふれている時代なので、ピンポイントでニッチな商品開発が必要です。

まだまだ人々の心を動かす、面白くて、美味しくて、使い勝手の良い商品づくりをこれからも楽しく進めていきたいと思いますと意気込みも語ってくれました。

この地域フード塾に関わらせていただいている一人として、鳥越氏の事例は、目に見える成果の好例として、これからのやりがいに繋がるものです。

⑥歴史と経験をインプットしてお役立ちのリソースを増やす

卒塾生の事例と共に北海道地域フード塾で私が担っていることを簡単にご紹介しました。その指導内容は、今までの経験値を主体としてのお役立ちです。

日本マーケティング塾でマーケティングを初めて学び、その楽しさを覚えてから、38年の歳月が流れました。その時には想像も付かなかったほどの変化が起こっています。

特に、この3年は急激な変化です。コロナ禍による巣ごもり需要の拡大、国際情勢の不穏さに端を発した電気代等エネルギーコストの値上がり、原料高、急激な円安、人手不足…など生活を脅かす材料が軒並みです。価値と価格のバランスも崩れています。異常なほどの値上げによって多くのモノが本来のお値打ち品でなくなっています。生活者は生活防衛に走っています。価格に敏感な生活者が激増しています。

これから先どうなっていくのでしょう。今までの経験値からでは見通せないことが起こっています。

経験したことの無い変化に備えるには新しい知識が必要です。私たちが今向き合っている変化は、知識をどんどん新たにしていく必要性を痛感させます。

「賢者は歴史に学び、愚者は経験に学ぶ」というドイツ帝国の名宰相ビスマルクの言葉があります。愚者は自分が失敗（経験）しないと過ちに気付けないが、賢者は先人の失敗経験を知っているので同じケースでの失敗を回避できる、という意味だそうです。

知識とは歴史からの学び、先人の学びの継承です。過去にあった大きな厄災を老舗企業がどう乗り切ったかという歴史も、今を生き抜く上で必要な知識・知恵を与えてくれるはずです。未来に役立つ知識は先端技術の知識だけではありません（もちろんそれも重要ですが）。

変化対応力を高める上で肝心なのは、今の自分に無いものをインプットをすべき、ということです。

とはいえ、ビスマルクのようなスーパーマンでない私たちは、先人の遺した知識・知恵を学びつつも、現場の蹉跌からの経験を織り交ぜながら、お役立ち活動に資するリソース（自分自身の知恵）を増やしていくのがぴったりくるような気もします。

私自身も一人のマーケターとして、今起こっている急激な変化をテキストとして学び、知識として整理し、これから起こりうる変化ともしっかり向き合いながら、多くの経験を経て我が身に打ち込まれた「ぶれないもの」をしっかりと軸にして、変えるべきところは変え、捨てるべきところは捨てて、新たなインプットに置き換え、なるほど！と思っていただけるようなお役立ちのアウトプットができるようにしっかり備えねばと思いを新たにしているところです。

第2節　マーケターの「心の土台」と「コントロール」とは

①土台づくりと心のコントロールで「インプット」「アウトプット」の質を高める

第1章第5節で、「マーケティングとはお客さまへのお役立ち競争」であること、そして、お客さまへのお役立ちのあらゆる活動を担うのがマーケターの役割であるとお話しました。また、その資質として大事なことは、「感性」（＝価値創造の源）であり、この感性に実効性を持たせるための要素は、①気づき力、②デザイン力、③編集力であることも述べました。

①～③が具体的にどんな力で、どう発揮されるのかについては、モスでの私の商品開発事例を紹介させていただきました。

さらに、その感性を磨きあげるために、情報をたくさん浴びて（インプット）、お役立ちを実践するための知恵（アウトプット）につなげていく繰り返しが必要であることも述べました。

この節では、情報・知識の「インプット」と知恵につなげる「アウトプット」の繰り返しを、いかに集中して行い、継続するか、考えてみたいと思います。

まずは、

1．人生の中で、教え導かれたお役立ちの心が「心の土台（＝理念・生きざま）」となる。マーケターには少なからず人生の中で影響を受けた「心の土台」が存在し、それがお役立ちのための感性の礎となる。その上に、さらなるお役立ちのための情報や知識を積み重ねていくことが「インプット」。

2．さらなる研鑽（知識の習得）を重ね、集中力を高め、継続的にやり抜くための「心のコントロール」（＝意志力）の大切さ。これがお役立ちの「アウトプット」の実効性を高める。

この2点について、お話しします。

②「おだづなよ」の母の教え　～心の土台～

1つ目（1.）は、インプットの上にインプットが積み重なる、ということです。今までの人生の中で体験してきたこと、尊敬する師や先輩から教わってきたこと、本で学んだこと…そのすべてがマーケターとしてのお役立ちの理念を形成し、その土台の上に新しいインプットが刻まれていきます。

経験や知識にはさまざまな性質がありますが、インプットの良し悪しを決めるのは加工の仕方＝学び方です。「過ち」も「教訓」に加工出来ればお役立ちに資するインプットとなります。

得られた情報からお役立ちに資する部分を切り出し、土台に足して補強し強固なものにしていくことこそインプットです。

マーケティングの仕事は、人に喜んでもらうことを生業とするもの。それだけに、人の心を揺り動かす感性や感情、機微といった心の要素の理解が、インプットには欠かせません。まさに人間学です。そしてその本質は「哲学」（＝生き方論）でもあろうかと思います。

第2章第4節で紹介しました「たらいの水の原理」（我師であるモス創業者の講話）などはまさにそれを指します。

私の場合は、幼いころより、母がしょっちゅう言っていた、「おだづなよ！」（私の故郷気仙《け せん》地方の方言）という言葉があります。調子に乗るなよ！いつも謙虚でいなさい！人さまの気持ちを乱すような振る舞いはダメです、そして可愛がられることが大事、そういう意味で使われていたように思います。

まさに、昨今よく使われる「空気を読みましょう」に通じるもので、人の心の綾にしっかり配慮した仕事をしましょうということです。私の中に、自然と「マーケティングに必要な感性」として刻まれている言葉です。私は、この「おだづな」を、ドラッカーの言葉の「マネージャーに必要とされるのは真摯さ」と重ねて、心に刻んでいます。まだまだですが、その意識を忘れずに、日頃の活動をしています。

マーケターはスキル以上に、信用を得ることが大事。信用されてこそスキルが生きてきます。

その順番を間違えてはいけません。マーケターは頭でっかちになってはいけないと思います。

「おだづな」と「真摯さ」は1人のマーケターとして、常に謙虚であれという、戒めの言葉でもあります。

同様に、人生のある大先輩から教わった言葉ですが、「我《われ》が我《われ》がの『我（が）』を捨てよ、お陰お陰の『下（げ）』で生きよ」も、私にとっては、心に刻まれた有難い教えになっています。

自分の利益だけ考える自己中ではいけない、常に他人の利益（利他、for you）に配慮すること。

そして自分は、人さまのお力添えによって生かされているという「お陰さま」という謙虚な気持ちを忘れないこと。これからもこの教えを大事にして、生活や仕事そして社会貢献に生かしていきたいと思っています。

あらためて、マーケターは、「哲学、フィロソフィ」を持ってこそ、その役割を担える資格を得るものと思います。きっと読者の皆さんの心にも、今までの人生の中で、すでに刻まれた教えがいくつか存在しているものと思います。振り返ると、それがお役立ちのマーケティング活動を担う上での「感性」（＝価値創造の源）を導き出す要素になっているのではないかと思います。

もし自分の「感性」に不安を感じたら、何かが欠けて感性の土台が揺れているのかもしれません。

そんな時は、お客さま（で無ければ同僚でも家族でも）に「ありがとう」と言われた体験を思い出してみてください。そこに自分流の「お役立ち」のかたちが見えれば、今欠けているものは何か、気付けるかもしれません。

過去にタイムスリップして体験し直すことは出来ませんが、過去の体験を省みて心に刻み直すことは可能です。今日の刺激が昔の記憶を呼び起こし、新たな知恵が生まれることもあります。

マーケターに限らず、私たちは過去のインプットに生かされ、過去のインプットを活かすために、明日もインプットを続けていきます。

③「意志力」をもって失敗を乗り越え前進する

２つ目（2.）は、心をコントロールする「意志力」です。感情をコントロールし集中力を高める力です。

特に次から次へと変化する環境に対して、フットワーク良く対応し、スピード感をもって有効な手段を市場に提案をするためには、気持ちの切り替えがとても大事です。

提案は必ずしも、成功が保証されるものでは無く、失敗も起こるでしょう。

その時に、反省すべきことはしっかり反省するにしても、いつまでもクヨクヨとその失敗を引きずってはいられません。マーケターには過去の失敗にクヨクヨする過去目線では無く、次にチャレンジするイキイキとした未来目線が大事です。それがマーケティングチームのモチベーションを低下させることなく、維持し、高めていくことにもなります。

アメリカの哲学者ジョン・デューイ氏の言葉に「善い人間とは、過去においてどんな失敗や過失をおかしたにかかわりなく、現在より未来において善くなろうと努力し前進している人間のことである」とあります。過去の失敗は未来の糧にはなるものの、大事なことは前に向いて進んでいなければ、何の・誰の役にも立たない、ということを教えています。賢明な人は常に前を向く人です。

善き人をマーケターに置き換えてみると、そのあるべき姿勢と重なります。

④プロゴルファーの教え～感情のゴミの上手な捨て方～

私がハワイに駐在（オアフ島）していた時、ゴルフの試合のために時々来島する、ベテラン女子プロゴルファーがいました。ある方のご縁で、食事をご一緒させていただいたことがありました。

その時、彼女は、「人間ですから、もちろん多たたき（ミスショット）もします。そこでの嫌な感じを引きずると往々にして、次のコースでもミスを重ねます。大事なのは、次のコースに行くまでに、その嫌な感情を心のデスポーザー（生ごみ粉砕機）にかけて捨てること。このコントロールがプロゴルファーには大事です」とおっしゃられました。

私たちマーケターも、事が上手くいかない時など、嫌な感情に支配されることがしょっちゅうです。

ましてや、マーケティングチームのリーダー職にある立場の人が、その感情を露わにすると、チーム全体の空気も澱み、チーム一人一人のモチベーションや感性の発揮にもブレーキを掛けることになります。

リーダーは、自分で自分の嫌な感情（＝機嫌）を瞬時に修復（捨てる）するコントロール力が求められます。そして、笑顔で、前進しよう！という気概が必要です。

ハンガリー出身のアメリカの心理学者、ミハイ・チクセントミハイ氏が提唱した「フロー理論」というのがあります。この節の「心のコントロール（意志力）」にも関係するものです。

フロー理論を易しく解説したあるネット記事によると、「フローとは、時を忘れるくらい、完全に集中して対象に入り込んでいる精神状態」のこと。何かを創造するために、時を忘れるほど集中した状態のことを指しています。

確かに私にも、フローの状態があります。趣味のプラモデルを作っている時とか、ポートレイトを描いている時とか。食事の時間も忘れるほどです。

仕事はどうか…というと、集中力がすぐ途切れたり、持続力が低下したり、むしろそちらの方がしょっちゅうです。

フロー状態にあるマーケターならば、感性が研ぎ澄まされて創造力も発揮され、提案スピードも高まり、良い成果物も得られ、成長実感も高いことでしょう。

しかし、なかなかそう理想通りにはいかないのが現実かと思います。

チクセントミハイ氏もそれを認めた上で、少しでもフロー状態に持っていくための在り方を示されています。私流に要約（意訳）しますと、

1．仕事に本質的な価値（ミッション）を見出すこと。そして目標（ビジョン）が明確であること。

2．少しでも能力を上げるため（=自己実現）に、少し難易度の高めのレベルの仕事に取り組むこと。決して難し過ぎず、易し過ぎないこと。

そう解釈しました。

それでもまだ、時間を忘れるほどのフロー状態に身を置くのは、現実的にはハードルが高そうです。

フロー状態はさておき、能力開発において、少し難易度の高いテーマに取り組むというのは納得できることです。

余談になりますが、私が敬愛するホスピタリティ分野で第一人者である元リッツカールトン日本支社長の高野登氏は、自己成長のためには「自分で正しくストレス（負荷）をかけること」と語っています。

少し難易度の高めのテーマに取り組むことと同じ意味をなしています。

好きなことを除いて、すべての事にフロー状態で向き合うのはなかなか難しいことのように思います。

もちろん、出来るだけ集中力・持続力を高めながら取り組む重要性は否定するものではありません。しかし、それを阻害する要因もいろいろと存在し、それが感情を悪化させ、その度に仕事が中断することも往々にあります。

そこで、先ほどのプロゴルファーの話ですが、いかにその嫌な感情を心のデスポーザーにかけて捨てるかです。上手な捨て方を身につけることです。

心のコントロール「意志力」による切り替えです。「忘れちゃえ！捨てちゃえ！次いこう！」です。一流であっても孤独なアスリートは、ゴルフでも野球でも、柔道でも、その意志力が強い人なのだろうと思います。

私のような凡人は、なかなかそうはなりません。それでも自分で出来る範囲は実践します。仕事で壁にあたった時など、気持ちの切り替えのために、普段あまりしない部屋の掃除を丁寧にしてみたり、長風呂したり、複式呼吸したり、マッサージに行ったり、仲の良い友人に会いに行って雑談したり、あるいは寝たり…と、それなりの工夫（思い付きも）をしながら、気分を変え、集中力の復活をしています。

マーケターの中には、上手に感情をコントロール出来る人と、感情に簡単に左右されやすい人が居ると思います。どんなに知識が豊富であっても、感情に左右されやすいのは、人間関係においては大きなマイナス要因になります。

⑤「心の残高」が尽きると問題がエンドレスに
～心のコントロールで「心の残高」の消費を抑える～

私がモスで店舗指導マネージャーをしていた時のことです。

店舗を訪問しお店の「ＧＯＯＤ」と「ＢＡＤ」のポイントをチェックし、店長と一緒に問題解決に当たりました。簡単な汚れの除去などはその場で行いますが、大きな汚れなどすぐ解決できない問題は次回訪問までの宿題となります。しかし、次に訪問すると、前回の指摘

頭の残高が足りていても、心の残高が足りないと…

事項はクリアになっているものの、別の類似した箇所で同じような問題が起きています。

「指摘⇒その部分は修正⇒類似問題発生⇒修正⇒別の類似問題発生…」とモグラ叩き状態が続くことがあります。1つが良くなってもまた1つ問題が発生…これでは店は良くなりません。結果的にお客さまにご迷惑をおかけすることになります。

なぜそうなるのか？こういう場合、大抵は店長のモチベーションが大きく低下しています。頭では「見えている目先の課題」は分っていても、「見えていない課題」にまで気を回す前向きな行動が出来ない、すなわち「心の残高」が底をついている状態です。

そこで「心の残高」が底をついた理由を尋ねるのですが、私の経験では、「人と人との関係」が問題となっているケースが多かったです。ＦＣの場合はオーナーと自分、スタッフからの孤立、家族が非協力的などなど…それが「凡事徹底・

継続」に駆り立てる力を阻害しています。

「心の残高」がつきていると「お客さまが望むアウトプット＝お役立ちのかたち」も分からなくなってしまいます。頭だけ動かして「いらっしゃいませ」と声を上げても機械的で無味乾燥な発音になります。

問題の本質がわかれば打開策を一緒に考えますが、人間関係のもつれが原因であれば、まずは店長に行動してもらうしかありません。

そこで心のコントロール「意志力」による切り替えです。「そのままでいいのか」と行動を促し、行動を起こした時、今のままであった時、それぞれのケースがもたらすお店への影響をとくと説明します。

別れるまでに「やってみます！」という言葉を引き出すことが大切です。そこであらためてモスの「使命」を確認し、「いきがい・やりがい」そして「お客さまのお役に立つことの喜び」を思い出してもらいました。

前述のくりかえしになりますが、マーケターの中には、上手に感情をコントロール出来る人と、感情に簡単に左右されやすい人が居ると思います。

どんなに知識が豊富であっても、感情に左右されやすいのは、人間関係においては大きなマイナス阻害要因になります。「心の残高」の消費も早くなります。

したがって、嫌な感情（＝感情のごみ）を、他人の要因にせず、自身に合った「上手な捨て方」を見出して、「心をコントロール」し、いつもフレッシュな自分でいることを心がけたいものです。

そして昨日よりは今日、今日よりは明日と…少しづつでも自分をフロー状態に置けるよう近づけることか思います。そうして、安定した感情から人間関係を良好にし、情報（インプット）が入り易い状況を創り、マーケターとして、お役立ちの知恵（アウトプット）が継続的に発揮できるようにしたいものです。

⑥マーケティングの原点は「人が人を知ること」

そして新たな知識の獲得です。マーケターにとって学びの「テキスト」は、山ほどあると思います。

専門分野（マーケティング戦略、商品開発戦略、チャネル戦略など）にとどまらず、哲学、歴史、心理学、経営などなど、ジャンルを限定せず、好奇心に任せて、何でも学ぶということが大切かと思います。

見る、聴く、会う、遊ぶ、語り合う…どんなこともマーケターの学びに無駄なものは無いと思います。

それらの「テキスト」から学んだことが、感性（＝価値創造の源）を磨くことに繋がっていきます。「テキスト」を通してさまざまな価値感に触れることで、多様な人間像もイメージ出来るようになり、共感力が高まります。共感力が無ければ感性も独りよがりなものになってしまいます。

「人が人を知ること」、マーケティングの原点はそのようなものであると思います。

第3節　相手のニーズにアプローチする「くばり力」

①マーケターの役割は「人喜ばせ業」

「他山の石」という言葉があります。自分の宝石を磨くのに役に立つ他の山の粗悪な石の意。転じて、自分の修行の助けとなる他人の言行、自分にとって戒めとなる他人の誤った言行（コトバンクより）のことです。

マーケターの感性（＝価値創造）磨きにとって、普段体験するさまざまな出来事に無駄なものはありません。「テキスト」は、生活の周りに山ほどあります。要はそれを教材として捉える「気づき力」が大事です。この「気づき力」は、自分の仕事の役割・目標・目的、あるいは今の課題（それらをカテゴリと呼びます）は何なのかを常に頭と心に刻むことによって、見たこと・聞いたこと・体験したことの「情報」を、自分カテゴリに置き換える力です。ホスピタリティの面での気づきもそれに該当します。

マーケターの個々の役割は、「人喜ばせ業」ともいえます。喜んでもらうためには、「お役立ち」の知識やスキルの習得はもちろんの事、人に気持ちよくパフォーマンスを発揮していただくための気配りや心配りといった細やかな「くばり力」を身につけたいものです。

他人の言行は「他山の石」として本当に貴重なテキストです。反面教師でもあります。そして、自分への戒め（事例を自分事として受け止め、他で生かす）にもなります。私は、今やマーケティングはその部門のマーケターだけが担う時代ではなく、管理部門も含め、あらゆる部門が個別に、そして横断的にも取り組まねばならない全社的テーマであると思います。

マーケティングは、全社をあげて取り組む戦略的位置づけとしてのお役立ちの事業活動、いわば「人喜ばせ事業」といっても過言ではありません。それだけに全社員・スタッフがマーケターとしての意識を持ち、「人喜ばせ業」としての個々の戦術的役割をしっかり担いつつ、常にその感性を磨き、「くばり力」を高めていくことが大切であると思います。

その個々の「人喜ばせ業」の積み重ねが、全社事業としてスケールの大きな「人喜ばせ事業」の風土（＝理念の具現化、凡事徹底）を生み出し、結果的に、競争力の高い、お役立ちのブランド力を持つ会社として認められるものと思います。

②高級ブランド品より商品券が欲しかった
～「くばり力」で喜びポイントが見えてくる～

その取り組みの成果としてのお客さまからの評価は、当然ながら、ツボを心得た仕事だったのか、ツボを外した仕事だったのか…で分かれます。この考え方は、社内の業務においても同じです。

スムーズな連携が求められる社内業務でも、「次工程はお客さま」である意識が必要で、次の工程を担う人が仕事をしやすいように配慮（ツボを外さず）して、引き渡すことが大切です。「くばり力」です。

くばる相手が外（お客さま）であっても社内であっても「どうせ仕事をするなら感謝される仕事をしよう」を仕事の心得にしたいものです。むしろ社内にそういう風土が当たり前のことととして根付くと、外（お客さま）への「くばり」が、社員・スタッフから自然と発揮されるようになると思います。

社内外への「くばり力」を高め、発揮するために、普段の臨床例（好例も悪例も）に対しアンテナ高くして「他山の石」として大いに学ぶことです。

そしてその学びの果実を、ツボを心得た「喜ばせ業」に生かしていくことです。

マーケターにとって、次のような、思わず苦笑いするようなエピソードも「テキスト」になります。

友人からお聞きした事例です。ある地方の食品製造会社の年末謝恩会での「感性のズレ」のケースです。この会社は、主婦のパートさんが多く働いています。ある年の年末、業績が良かったこともあって、労いの謝恩会を開催されました。その企画の中に、豪華景品が当たる抽選会がありました。

会社側は、普段買うことができないサプライズ景品（高級ブランドバッグなど）をいくつか用意しました。「当たった人はきっと大喜びするだろう」という、総務担当のある男性役員の目論見でした。あくまでサプライズ狙いだったので、事前にニーズを探った気配は無かったようです。間違いなく喜んでくれる、という思い込みに近いものです。動機だけは、極めて「善」です。

高級ブランド品が当たったパートさんはその瞬間に驚きを見せたようですが、すぐに女性的生活感がよぎりました。

「このバッグを果たして使うことはあるのだろうか。普段の買い物は、エプロン姿のままなので、とてもコレをもって、スーパーなど行けない…もしコレをどこかに持って行く機会があるとするならば、着るもの、履くもの、そして美容室…と整えるだけでも、大変な費用がかかりそう。しかも今後そのような機会があるのかしら…」と複雑な気持ちになったそうです。「むしろ、このバッグの価格の何分の一でもいいから、近所のスーパーで使える商品券の方が、本当はありがたかった」とつぶやかれたそうです。

喜ばせてあげたいという動機が善であっても、高級ブランド品を用意すれば喜ぶこと間違いなしという発想は、いささか短絡的であったようです。ある意味、男性的感覚と言えなくもありません。まさに「ツボ」を外すというのはこういうケースです。

普段の何気ない会話から、事前に「ニーズ」を探る方法があったのではないかと思います。いわゆるマーケティング・リサーチです。同じ部署の女性社員から直接声を聴いたり、女性の立場で、パートさんからのヒアリングをお願いしたり…パートさんそれぞれに異なるニーズがあったとしても、共通項を見出すことは出来たのではないかと思います。あと一歩の「くばり力」＝気配り・心配りがあれば、掛けた費用と喜びの効果とのバランスは整い、高級品以上に心に残るものとなったのでは無いかと思います。

「喜ぶばずだ」の思い込みに陥らず、行動する前に、「果たしてそうだろうか」と視点・視座を変えて考えてみる必要があります。特に女性は、男性よりも１つのモノやコトを起点にその周辺のことまで頭と心を働かせます。そのような女性感性と向き合うことも、マーケターとして得がたいテキストとなるでしょう。

前述したように、マーケターは、「どうせ仕事をするなら感謝される仕事」を念頭に置き、そのために、喜びの「ツボ」を感じ取って行動することが肝要かと思います。

このような事例（社内事例でも）もマーケターの感性を磨き、ツボを押さえるコツを会得するのに参考となる「他山の石」となります。

③気づきと配慮が最大限のパフォーマンスを導き出す

もう１つ、私の体験した小さな学びの事例です。

ある地方での講演会に招かれた時のエピソードです。

開始10分前に、演台のパソコンの操作確認や演壇から聴講席全体がどう見えるか、などをチェックに行きました。演台上に飲み物が無いことに気づきました。90分の講演は途中で喉が渇きます。

偉ぶって飲み物を請求するのは私の性分では無いので、すぐ傍にいた運営担当者に、私「あの～自動販売機はどこにありますか？」とお訊きしました。きっとこれで気づいていただけるものと思いました。

ところが還ってきた返事が「自販機は、この会場を出てすぐ左にあります」と。

一瞬耳を疑いました。確かに質問に対する答えにはなっています。もう開始が迫っています。やり取りしている時間はありません。私は、小走りで自販機に走りました。これはとても稀なケースかと思いますが、この担当者は、普段誰とどう向きあって仕事をしている方なのか…と考えながらです。

仮にマーケティング関連業務に直接かかわっていない事務方の人でも、情緒的価値が重きをなす時代にあっては、その機微に心を配り、「喜ばせ業」を担うマーケターです。

誤解を恐れずに申しあげるならば、運営担当者の役割は、講演者にいかに気持ち良く話してもらい、聴講者への惜しみない有益な情報を提供してもらうか、そしてお役に立ってもらうかです。

そのために講演者にとって、話しやすい環境をどう整えるか…そこに心を配らねばなりません。気づかいがもたらす、「無形の価値」に成果の最大化が期待できます。

講演会終了、控え室で、その方の上司も同席したので、笑顔で感じたままのことをお話しさせていただきました。反省の様子でした。きっと他の機会（講演会だけでなく）に生かされているものと信じます。

この後、別の場面で、私がホスト役となって開催する講演会がありました。

暑い日でもあったので、演台に良く冷やしたおしぼりを用意し、もちろん飲み物も用意させていただきました。飲み物は、お水が良いか、お茶系が良いかをうかがい…水ということで、ピッチャーとグラスが良いか、ペットボトルが良いか…ペットボトルをご希望だったので、蓋は開けておいたほうがいいか…など、控え室で、事前に講演者のご要望をお聞きして準備をさせていただきました。

決して「おもねる」と言うことでは無く、講演者がパフォーマンスを最大限に発揮していただくことが、結果的に聴講者にとっての価値ある時間の創造につながるのです。

こうすることが、自分の中で当たり前なことであっても、あの日の講演会の体験は、「他山の石」として、もっとちゃんとやらねばという思いを新たにしてくれました。

これは、何も講演会に限ってのことではありません。

あらゆる場面で、気づきと配慮＝「くばり力」がファンづくりに大きな成果をもたらし、評判を高め、ブランドロイヤルティの向上に繋がります。

そして「くばり力」は「心の残高」が満たされた状態でこそ最高の出力を発揮するもの。「他山の石」としての臨床例をたくさん心に刻むことは、周りに喜んでもらうのと同時に、マーケター自身の「心の残高」の容量を増やすことにもつながります。

インプットによって自分の器を満たし、他者の器も満たしていく。きっとそれは、良き人たちの良き行いを循環させ、「らしさの風土」になるものと思います。

第6章
創業理念こそが顧客志向の原点

第１節　創業理念は存在意義でありロマンの源泉

①日本は長寿企業大国

世界には１００年以上の歴史を持つ企業が約８０，０００社あり、その中で日本企業は、約40％を占めています。世界と比べても日本は長寿企業大国です。

平均的な企業寿命は30年と言われ、起業して1年間で約60％が潰れているそうですから、経済環境の変化のみならず、災害や戦争等のいろいろな困難を乗り越え、１００年以上存続するというパワーには頭が下がる思いです。

日本の長寿企業には、共通する特徴があると思います。

ずばり言うならば、「創業理念を持ち、時代を超えて不変なものとして後世に継承されていること」です。もちろん時代の変化に対応して、それを先取りした商品などのお役立ち提案をしてきたフットワークの良さがあったことも見逃せませんが、小手先の業績追求というテクニックだけではそうは長続きしなかったと思います。

しかも100年以上となると、社長が何人も代を重ねているはずです。社長が変わっても、変わらぬ企業理念があり、それを一貫して守り続けているのはすごいことです。

そして「お客さまに幸せ感を味わってもらう」活動を続けて、顧客や社会との信頼関係をコツコツと築き上げ、固定ファンを創造し、ブランドロイヤルティ（愛着心）を獲得しているというのは、健全な「思想・哲学」（＝理念）がバックボーンにあるからこそです。そしてそれが社員・スタッフの「ホスピタリティマインド」（＝お役立ちの心）の源泉になっているものと思います。

大阪天王寺区に1400年以上も続いている株式会社金剛組という建設会社があります。事業内容は、寺社建築の設計・施工・文化財建築物の復元、修理です。

西暦578年（飛鳥時代）に四天王寺建立のため聖徳太子から招聘された百済人の宮大工金剛重光が設立したと言い伝えられています。創業から1400年、日本はおろか世界最古の企業ではないかと思います。創業理念は、16箇条の家訓（職家心得）として残されていますが、ここではそれを要約してお示しします。「いつの時代でも、誰に見られても、恥ずかしくない仕事をする」です。「儲けすぎない」「手を抜かない」といった、精神性も根強く息づいています。

そしていかに時代や工法・技術が変化してもつねに卓越した技術を維持する意思、高い志を掲げ続ける普遍性こそがこの企業を支えてきたようです。そして1400年もの間、誰に見られても恥ずかしくない仕事をし続け、それが周囲から絶大なる信頼と期待、そして愛情が注がれてきたものと思います。

顧客や取引先に愛されない企業は存続基盤を失うといわれていますが、金剛組は、普遍の「創業理念」と「志」を守り続け、愛され続けてきた企業と言えます。今流でいう、ブランドロイヤルティ（愛着心）の高い企業といえます。その根幹には、「創業理念」（金剛組の家訓）の存在があり、それを風化させる事無く、継承しつづけきたことが生き残りの所以です。これだけの長い間には、何度もの危機や困難にさらされたようですが、その度に「創業理念」（家訓）に立ち返り、それを克服してきたといいます。

②創業理念はロマンの塊～ワクワク感、仕事のやりがい・プライドの源泉～

あらためて「創業理念」の大切さについて考えてみたいと思います。

創業理念とは企業が存在する意義、「どうお役に立つのか?」に対する答えです。社会や地域、そしてそこに住む人々が「幸福な生活を送るためにどのようにして役に立つのか」を真剣に考え、知恵を絞り、具体的な商品やサービスの提案を通じてその役割を果たし、結果的に社会にとって無くてはならない存在として認めてもらうこと…これはどの企業にも共通する存在意義だと思いますが、「どのようにして」の部分が創業理念のオリジナルな要素になります。

「どのようにしてお客さまに幸せ感を味わってもらうか」は企業経営におけるロマンそのもの。ワクワク感の源、やりがい・プライドになるものです。

ところが、誤った競争意識に支配されると、短期利益至上主義や前年対比の「呪縛」という病に陥り、数字一辺倒になり、創業理念（＝ロマン）を語ることを忘れ、「心揺さぶるマインド」がどこかへ行ってしまう現象を呈することがあります。これこそが「理念の風化」の始まりです。それは絶対避けねばなりません。

競争がどんなに厳しくなっても、創業理念という原点を忘れてはならないと思います。競争が厳しくなればなるほど、闇雲に数字を追いかけることなく、むしろ原点に立ち返ることが重要かと思います。理念は原点に戻る場所でもあります。

危機や苦難を迎えた時、混沌の中に沈み込んだ時、何をするのが本来の自分たちの役割なのかを、立ち戻って考える場所、よりどころです。

その企業に関係する人たちのモチベーションを支えるものそして前向きな行動に駆り立てる心のエンジンになるものです。これが失われ、数値を上げることのみが競争に勝つことの証といった目先の業績意識に偏ると、社員のいきがい・やりがい（＝心の残高）が急激に低下します。働く目的、存在意義に疑問を持ち、去っていく人も増えていきます。

③経営者と社員・スタッフを結びつけるもの

１００年企業はこの創業理念を風化させずに継承し続けたからこそ、今日があります。人を惹きつけてきたのです。リーダーは創業者が抱いた「心揺さぶるロマン」を同じく胸に抱いて、価値創造の先頭に立ちます。社員・スタッフは前向きな行動に駆り立てられてお役立ちの仕事に心血を注ぎます。経営者は意欲ある社員・スタッフのモチベーションに支えられ信頼しあい、そのように両者を強く結びつけているのが、「創業理念」と言えます。

私は会社の「心柱」ともいえる「創業理念」を軽く考える経営者のことをたまに耳にする時、残念に感じ、その会社の社員を可哀想に思います。

経営者の中には、「創業理念ではメシが食えない。そんなきれい事を言ってる場合では無い。売上を上げる仕組みや仕掛けこそが重要だ」と主張する方が未だにおります。

ひとたび企業にその「クセ」が定着すると、テクニカルな議論だけを上塗りしていくようになり、経営行動がブレるようになります。日々、「利益創造」に終始し、「価値創造」という大事な意義を失っていきます。

また時折、昔の考えは今に合わない、ということで、社長が交代すると、それなりに歴史がある企業でも、創業理念までもいとも簡単に改変するケースがあります。同意語で言葉の使い方だけを時代に合わせるならまだしも、創業理念そのものを変えてしまうのは、いかがなものかと思います。ましてやトップの専断で決めるものでもありません。

④創業理念の喪失は「ブランドの喪失」

「戦略は変えても理念は不変であるべき」で、なぜなら創業理念に自社の強みの源泉（コア・コンピタンス）があり、それを礎として戦略や風土の「らしさ」が生まれ、そこにお客さまの「愛着心」が育ち、それによって会社・店が成長し、その延長線上に今の認められたブランドが存在しているからです。一朝一夕では出来ないことです。

創業理念の改変は、根源的な強みを捨てることに通じ、それはまったく別の企業を興すことと同義語になります。起業は素晴らしいことですが、自社特有の「らしさ」を捨て、お客さまの「愛着心」を失ってまで、それでも改変すべき理由は何なのか…よくよく考える必要があると思います。

少し横道に逸れましたので、まとめます。

「創業理念」とは、

・(会社) の存在意義をあらわすもの。存在意義があるからこそ、ブレずに価値創造活動ができるのです。簡単に変えてはならないもので、「不易流行」の不易です。

・危機や困難に遭遇した時に、立ち戻って考える大事な場所です。経営には危機や困難がつきものですが、その時の、羅針盤になるものです。

・経営者・社員のやりがい・いきがいの「求心力」になるもの。意義や目的があってこそ、意欲ある行動に駆り立てられます。心のエンジンです。

・自社の強みの源泉であり、それが「らしさ」の風土を創ります。そしてお客さまの「愛着心」も惹きつけます。

長寿企業は周りの方から愛されています。それは創業理念の元、お役に立つことを真摯に実践しているからです。社会に無くてはならない、信頼・信用のブランドに育っています。

⑤創業理念の見える化を〜明文化のすすめ〜

したがって「創業理念」はどの企業にも必要不可欠な存在です。

創業理念を明文化していない会社は、すぐに取り組むことをお勧めします。まずは、創業からの簡単な年表や、創業時のエピソードを数百字程度の簡単な資料として「見える化」してみてください。そして、それを基にコンパクトなフレーズにまとめると良いでしょう。「理念」に定型様式はありません。見る人が「御社／自社らしい！」と思ってくれればいいのです。

また扁額状態で埃をかぶっているところは、あらためて一字一句、言葉の意味を噛みしめ、現状の経営実態に重ねて、果たして、有言実行のお役立ちの羅針盤になっているか…再確認をしてはどうでしょう。もし会社が危機や困難な状態にある時はきっと指針を与えてくれることでしょう。

あるいは、（数値的に）順調であるときは、調子に乗るな！（おだづな！）といった警告を与えてくれることでしょう。

第2節 「凡事徹底・継続」の力の源泉とは

①長寿企業の３つの共通点

１００年以上続く長寿企業は明確な①「創業理念（お役立ちの存在意義）」を持ち、②人（＝社員）を大事にしながら、③変化対応力、すなわち時代の変化を先取りして創造力を発揮し、スピーディな意思決定でそれをフットワーク良くやり抜いて来た企業かと思います。

多くの企業が少なからずこの３つの要素を持っているように思います。

ところが、企業紹介の中で掲げている文言に同じくその要素が織り込まれていても、長寿企業になっているところと、途中で消えてしまう企業があります。

長寿企業として立派にブランドを確立している企業が共通して語っていることは、特に、創業理念のことです。創業理念の実践によってお客さまへの価値提供をし続けてきたこと。長い歴史の過程では、幾多の危機や困難に見舞われることがあったけれども、その度に創業理念に立ち返って経営の原点を見つめ直してきたことをあげています。人を大事にすることも、変化対応力も創業理念が礎になっています。

②永続する「凡事徹底」「感情的ＹＥＳ」「満たされた心の残高」

創業理念がお題目では無く、現場で具現化され、そして経営活動の価値判断基準として活用され続けてきたところが永続性をもたらしているものと思います。

しかもそれが当たり前のこととして徹底され、継続されていること。すなわち「凡事徹底・継続」の風土が定着していることです。

逆に、素晴らしい内容の創業理念が存在しても、扁額として飾られているだけで、実践の場で活かされていなければ、絵に描いた餅。全役員・社員が、言葉として知っていても（＝頭の残高）、「感情的ＹＥＳ」（＝腹落ち）として「心の残高」（＝行動に駆り立てる力）になっていなければ、具現化はされません。

具現化されないと、経営の価値判断基準においても長期永続性のための「善悪」では無く、その都度の目先の「損得」が主になり、創業理念とは程遠い、目先の数字だけを追う体質になります。その体質は社員のモチベーション（＝やりがい・いきがい）を低下させ、現場力の悪化をもたらし、結局顧客離れひいては業績悪化へと至ります。

創業理念を当たり前にきちんと実践する「凡事徹底・継続」の有言実行の会社か形式・形骸化の会社か…それが長寿企業になれるか否かの分岐点ではないかと、私は思います。

③創業理念の継承者に求められる「ぶれない倫理観」

では、創業理念を「凡事徹底・継続」たらしめるものは何か…私は、創業理念を最も多く語り、全社に浸透させる役割を担う、トップの存在が重要であると思っています。この人が語ることはごまかしやウソが無く、心から信頼できる、そう思えるトップです。

おそらく長寿企業は、トップが何代も交代する過程で、次のトップに指名される方の選択基準が仮に抽象的であっても、前任者による指名は、代々社員の腹に落ちるものであったろうと思います。

その選択基準は、指名される方が、創業理念に心酔し、誰よりも「事業への飽くなき情熱（＝パッション）を持つ人だったかと思います。決して、高学歴で、頭が良いということを優先したものではないと思います。ましてや指名する人（前任者）が社長を降りてもなお自分の立場を守る院政のような不健全な保身のために都合の良い人を指名したものでもないと思います。

「高邁な哲学」と「事業への飽くなき情熱」「仲間の幸せを願う愛」が、あきらめない・ねばり強さを生み、「凡事徹底・継続」の源になります。こういう資質を持ったトップが、代々、経営を受け継いできたことが永続性をもたらしたものと思います。そこには後継指名にあたっての「ぶれない倫理観」が脈々と生きているものと思います。

厳しい競争を背景に、業績が下降すると、その歯止めと回復を狙って、短期利益を優先し、その方法に長けた、俗に言うプロ経営者を外部から招くことがあります。

確かに短期的にV字回復させた経営者も多くいます。

そして、プロ経営者の中には、短期でV字回復させたあと、さっさと次に移っていく方もいます。

プロ経営者を外部から招聘することを完全に否定しているわけではありませんが、業績数値を上げるための方法論に偏り、大事な創業理念の存在が薄まってしまい、企業は何のために存続するのか、永続性はどう考えるのか、それに黄色信号が灯ることが気にはならないのだろうか、あるいは社員のモチベーションをどう創るのか、利益が回復するまでの短期間であれ、その間に創業理念が形式的な存在になり、心の残高が底をついたらその先はどうなるのか…と余計なお節介ながら考えてしまいます。

④１４００年永続させる「トップの選び方」

前節で紹介した１４００年企業の「金剛組」は、現在で41代目のようです（金剛一族は39代目まで）。この企業の詳しいことは、本やネットでも紹介されているので、そちらに譲りますが、私が着目した点は、永続のためのトップの選び方です。

これだけの老舗企業になると、直系のファミリー経営にこだわり、長子相続主義と思いきや、後継者は実力で選んできたようです。長子が後継者としてふさわしく無い場合は外してきたようで、その時代にあった資質のリーダー（金剛家の中で）を選んできたようです。当たり前ですが、すごいことです。

時代にあった資質のリーダー…というのは、おそらく、変えてはならない「家訓（＝創業理念）」を守りながら、一方で経済・環境の変化や時代が求めるものによって、「変化対応」の技を持った人だったと思います。そして人に愛される「人柄」も…。

５７８年に創業し１９５５年の法人化を挟んで２００５年までの１４００年超を金剛一族が経営してきましたが、その年の11月より、高松建設（現・高松コンストラクショングループ）の子会社へと移行しています（沿革はWikipediaより一部抜粋）。

企業の永続性は、顧客志向の具現化によって、社会にとって無くてはならない存在としてのブランドを確立し、磨き続けていくことで実現します。

そして社員の心にぶれないプライドを醸成し、モチベーションの向上を図ることです。

そのために、変えてはならない創業理念が伝える「凡事徹底・継続」を風土に浸透させ、組織の求心力として、理念の具現化をリードする、後継トップの指名（承継）をすること、それがいかに重要であるか、長寿企業の事例から学びを新たにする必要があると思います。

その前提になるものは、繰り返しになりますが代々の指名者（前任者）の「ぶれない倫理観」にあるように思えてなりません。

日本の外食産業も1970代の黎明期から50年以上になります。

その当時開業した（日本上陸後の外資系も含め）主要チェーンのすかいらーくグループ、ロイヤルホスト、デニーズ、マクドナルド、ケンタッキーフライドチキン、ミスタードーナツ、モスバーガーなど、今なお存在感を示しています。どの企業も、創業者からは代替わりして、何代目かのトップに承継されています。それぞれが創業理念を立派に承継され、この先の100年企業に向けて、日々ブランドに磨きをかけているものと思います。

これからも創業理念を風化させることなく、しっかり承継し、組織の求心力としてベクトルを一つにまとめる、それに相応しいトップの指名と存在の連鎖こそが、長寿企業になりうる最も大事な要素かと思います。それによって、創業理念の「凡事徹底・継続」が持続され、組織風土に「お役立ち思考」の根が太く強く張り、さらに「変化対応力」が高まることで、ますます日本の外食産業が永続的に発展することを願ってやみません。

おわりに

本書を手に取っていただいた皆さまに、まずは心から御礼申しあげます。

この本は、私にとっては、２冊目の本です。

前作では、41年間務めた株式会社モスフードサービスでの体験を中心に、理念、マーケティング、ホスピタリティ、リーダーシップ、商品開発など幅広いテーマを取り上げ、エピソードを交えて分かり易さを念頭に置きつつ執筆しました。外食業の楽しさ、やりがいについても触れ、「ぶれないプライド」を持つことの大切さをお伝えしました。

そして、前作の出版から丸３年経ちました。

その間、コロナ禍があり、大きく急激な社会変容がありました。

コロナ禍、読書の時間の確保もままならない厳しい環境にあっても、さまざまなお立場の方々に前作をお読みいただきました。執筆の素人にとっては、思いがけない反響がありました。

その中には「ポストコロナ」を見据えて、忘れてはならない目的・意義を今のうちに再確認しておきたい…そういう現場リーダーもおられました。ウルっときました。

この３年間、コロナ禍に翻弄され続けました。今もなおそれは続いています。

お客さまと毎日向き合う「現場のリーダー」はリスクと隣合わせの厳しい戦いを強いられてきました。

本当に大変だったと思います。

コロナ禍以前から課題とされてきた人手不足の問題はコロナ禍を経て、さらに厳しさを増しました。緊急事態宣言で休業を余儀なくされたお店からスタッフが去っていきました。宣言解除後もそのスタッフは、すでに新たな勤務先を見出し、あるいはリスクヘッジとして複数の職場に勤務し、戻ってこないという現象も生まれました。慢性的人手不足は、さらに悪化の一途を辿っています。

時間給を大幅に引き上げて募集するも、これほどの反応の悪さはかつて経験が無いほど、と飲食店のオーナー・マネージャーも口にします。外国人スタッフの採用も増えてきていますが、それでも追いつかず、打開策の妙手が無く各社・各店とも頭を抱えています。

一方、コロナ禍以前からまったく人手不足に悩んでいないお店もありました。

第3章第3節でご紹介しましたが、株式会社國屋の例です。内容の重複は避けますが、スタッフさん達をとても大事にされています。そこに関心と愛情を人一倍注いでいます。「対話」が絶えません。しょっちゅうです。それによって、信頼を醸成し、「心理的安全性」を創りあげています。良い行動は具体的に褒めることはもちろんですが、スタッフさん達が社会人として恥じをかかないようにとの願いから、アルバイトのうちから、信頼を損なうような、常識に反する行動や態度には、「ならぬものはならぬ」として、その点は厳しく指導しています。働く意義や社会人としてのマナーなど、スタッフの何人もが、働きながら学校で教わらないことを学べるので、本当にありがたいです、と語っています。

これこそが「自己成長」「自己実現」を目指すスタッフにとっての魅力ある職場です。「人が人を思う」風土があり、人情の機微を大事にしています。(株) 國屋さんのお店が人手不足にならない理由として、在籍するスタッフさん達が自分の信頼する人を新たなスタッフさんとして連れて来てくれる点もあるのですが、このことからも、皆さんがお店の「風土」に魅力を感じていることが分ります。

その風土は人を思いやる「敬意」と「感謝」の社風が土台にあり、そこから育まれる内なるコミュニケーション活動の「インターナル・ホスピタリティ」が、人材の定着に寄与し、結果的に、外 (お客さまや仕入れ先の方々) に向かって、にくいほどのホスピタイティとして表れます。

コロナ禍は大変な苦難でしたが、同時にさまざまな「学び」を得る機会でもありました。「はじめに」のところでも書きましたが、この大災害から「何を学んだのか」、そこが問われています。

「商いの仕方」も「生活様式」も、はたまた「コミュニケーションの在り方」までも見直しを余儀なくされました。１００年に一度とも言われるこの未曾有のパンデミックは新たな課題や学びを投げかけました。

目の当たりにした現実を貴重な学ぶ機会として捉え、将来の備えとするか、見過ごすか、ここが将来の経営や人の成長に大きな「差」をもたらすように思います。

また、これからの「生き方」「商いの在り方」「仕事との向き合い方」「人間関係の在り方」などを考える上で、どのような「視点・視座」を持てば良いのか、お悩みになっている方も少なく無いのではと考えます。

本書では私が得た「学び」を軸に、私流の「気づき」を記しました。

それをヒントにそれぞれがそれぞれの「答え」を導くことに繋がれば幸いです。

私は、コロナ禍を契機に、これからのマーケティングは生活の豊かさを支援するモノ品質へのお役立ち提案に加え、「情緒的価値・人柄価値」の心の満足が求められる時代になり、そこにリーチできる活動すなわち、「ホスピタリティマインド」の視点がとても重要になったと思います。

そのマインドが、「商いの発展」や「自身の成長」「人という財産づくり（ネットワーク）」などに今まで以上に大きく影響を及ぼす要素になるものと思います。それだけに、お客さまの購買活動など、さまざまな物事の判断に影響する「人の情緒」や「心の機微」（＝人間学）を学ぶことが、とても大切であると感じます。

今や、競争（＝お役立ち・魅力づくり競争）のステージはコロナ禍以前から徐々に変化し、加速化し、新たな価値創造の時代を迎えています。

それを担い、実現するための「人と組織づくり」（＝「らしさ」の風土づくり）が急務です。とりわけあらゆるマーケティング（＝お役立ち競争＝人喜ばせ業）活動を担うマーケターの感性磨きが重要です。インプット（学び）とアウトプット（お役立ち）の繰り返しから経験を積み、そして磨き、気づき力・デザイン力・編集力・ホスピタリティマインドのプロになる必要があります。

個々のマーケターの経験と磨きからアウトプットされる「新しい価値提案」が顧客志向マーケティングの風土を育み、結果的に組織集合体として、外（お客さま、社会）から信頼の高いブランドが形成され、結果、経営そのものへの信頼も強固となり、持続性の高い組織体（＝会社）に成長するのではないかと思います。この循環が良きシステム化されて稼働できる組織体の創造がこれからのキモではないかと思います。そしてその組織体を牽引する経営者・リーダーの存在と役割がますます重要です。

「創業理念」（＝存在意義）の承継者であり具現者でもあります。

またコロナ禍は、他者との関わりについても考えさせられるきっかけになりました。組織における会議や打ち合わせ、個人間の面会や食事など、フェイスツーフェイスの直接的なコミュニケーションは抑制され、オンラインミーティングなどデジタル技術を活用した間接的な会合・対話の機会が増えました。

ただ、モニター越し・マイク越しのコミュニケーションは当初、私自身も随分と戸惑いました。時間をかけて必要要件をしっかり確認出来ていても何故だか「話しきった」という達成感のようなものが足りない気がしました。

今はずいぶん慣れましたが、実のところ、「自分の想いを十分に伝えきられたかな?」「相手の想いを十分に聴ききれたかな?」という不安感はどうしても残ります。

人間は、五感で他者の存在を認識します。五感とは「視覚・聴覚・触覚・味覚・嗅覚」の5つです。後ろ2つを対話者に試みることは希だと思いますが「見て、聞いて、触れる」は対話を構成する基本要素だと考えています。

「触覚」?と思われるかもしれませんが、握手をしたり名刺交換をしたりなど、直接的な行為のほか、「一緒に食事をする、遊ぶ」というような同一空間での同一行動を通じても「触」は成立すると思います。ところが、オンラインコミュニケーションにはこの「触」がありません。モニターに相手の姿は映っていますので表情や身振り手振りは分るのですが、同じ空間を共有しているという感覚が満たされず、「伝わっているかなあ？理解出来ているかなあ？」という不安感が拭えません。オンライン以前にも「電話」がありましたが、「電話のみの確認で重要な契約を結びましょう！」と言われれば、多くの人は「ええっ！？」と戸惑い警戒すると思います。

できればフェイスツーフェイスでコミュニケートし、相手を確認してから契約を結びたいもの。メールや郵送などで資料確認は出来ていても、相手に会ってから決めたい。重要な契約内容であればあるほど、そうした欲求は強くなるはず…少なくとも私はそうです。

金銭面やスケジュールなど数値的な部分は書面で確認出来ていても、その上で対面に求めるもの、それは「信用・信頼感」だと思います。「ウマが合う、波長が合う」も同じと捉えています。「視・聴・触」で、契約内容ではなく、契約相手の「波長」を確かめる…それが「対話」です。

それはもちろん、相手側から見ても同じことで、オンラインコミュニケーションが主流となるコロナ禍においては、「触」の欠けたコミュニケーションでは自分を信用・信頼してもらうハードルが上がっていました。それが、先述の不安感の正体なのだと思います。

それでも何とか乗り切れたのは、コロナ禍以前から築けていた関係性をベースに仕事が出来ていたからだと思います。初対面の方とのオンラインミーティングもありましたが、メンバーの中に、気心の知れた知り合いがいれば、オンラインではあっても、同一の空間を擬することができました。

また、面識は無くても「○○さんと親しい」、「△△さんと仕事をしたことがある」、などの要素があれば不安のハードルは下がりました（これはオフラインコミュニケーションでも同じですが）。このように、互いに空間共有をした経験のある人を介して、間接的に、疑似的な「触」を演出できるのかもしれません。

ここからの学びは、月並な言い方になってしまいますが、「普段からの関係性づくりが、特にコロナ禍のような逆境期に重要性を増す」ということです。また、コミュニケーションのハードル上げは孤独感も増幅しましたので、一人で悩まず、何でも相談し、「自分はひとりじゃない」と実感できる、支え合える「波長の合う仲間づくり」がさらに重要性を増していきます。そこにも「人の情緒」や「心の機微」（＝人間学）への意識が活きてきます。

「仲間づくり」、つまり自分からの働きかけです。お役立ち思考のマーケティングは、金銭を介したお客さまだけを相手とするものではありません。「学び」からの「お役立ち」で人を喜ばせることで、人はあなたを信用・信頼し、波長の合う仲間として認めてくれます。

マーケティングは会議室で起こっているものでは無く、「人」対「人」の接点の現場で起こっています。そこに学びのテキストがあります。その現場で「人間同士の感性の戦い」が展開されています。

そこが学びの宝庫です。難しいことを学び理屈をこねる事無く、現場の楽しさを体験しながら、素直に生活者視点のマーケティングを身につけていくことが大事かと思います。

そして、変化対応力に優れた組織風土の実現を目指し、一人一人が「お役立ち思考」に磨きをかけていくことかと思います。

本書が、「それらを考え、心に落とし、そして行動に駆り立てる」一助になればと願っています。

理屈っぽくならず、難しい言葉を使わず、読みやすく丁寧な表現を心がけて書いてみました。

読後、仕事や生き方に対して、少しでも前向きで未来志向のマインドになり、仲間や多くの人と過ごす時間が楽しくそして豊かな気持ちとなれるよう、その後押しになれば幸いです。

本書の上梓にあたり、多くの皆さまにお力添えをいただきました。ありがとうございました。

この本が発刊出来ますのも、人生の「師」である、モスバーガー創業者故櫻田慧さまの生前のお導きと教えの賜物です。心から御礼申しあげます。

また、前作に続き、株式会社同友館出版部の佐藤文彦部長には一方ならぬお世話になりました。本当にありがとうございました。

そして執筆にあたり、多くの皆さまにヒアリングをさせていただきました。感謝でいっぱいです。特にご多忙の中、素晴らしい事例をご紹介いただきました、株式会社國屋の國利翔社長と禰宜田賢二営業統括本部長、ＮＰＯ法人ほっと悠の村田純子理事長と戸川有希さん、上森米穀店の鳥越広嗣代表のご協力にあらためて御礼申しあげます。

さらに資料提供など多大なお力添えをいただいた株式会社モスフードサービスの社長室、そして関連部署の皆さまに心から感謝申しあげます。

最後に、妻良江に感謝の言葉を贈ります。いつも傍らで私を励ましてくれました。

本当にありがとう。

２０２３年11月　田村 茂

【著者紹介】

田村《たむら》 茂《しげる》

元株式会社モスフードサービス専務取締役　office igatta 代表

1952年岩手県大船渡市生まれ。

日本大学経済学部在学中、モスバーガー創業者・櫻田慧と運命的出会いをし、創業間もないモスバーガー１号店でアルバイトを始める。

大学卒業後、大手銀行に入行するが、10ヶ月後に（株）モスフードサービスに転職。店長、SV、営業部長等を歴任。1987年には商品部長としてモスライスバーガーを開発。取締役商品本部長、取締役専務執行役員COOを経て、2011年に専務取締役就任。専務退任後は特別顧問を務める。

並行して、2016年から元（株）日本マーケティング塾取締役兼特別講師。

2017年に（株）モスフードサービス退社。

現在は、office igattaの代表として、また（一社）流通問題研究協会特別研究員兼北海道地域フード塾講師や（一社）マーケティング共創協会の登録講師を兼務し、外食産業を含めた小売り・サービス業の分野を中心に、マーケティング、商品開発、ホスピタリティマインド、リーダーシップなどをテーマに研修や講演を多くの企業や団体で行っている。

著書：「外食マネージャーのためのぶれないプライドの創り方」（2020年５月）同友館

2023年12月15日　初版第1刷発行

変化対応力を高める
『お役立ち』思考のすすめ
～外食のプロが語る「顧客志向」商いの本質～

著　者　田村　茂
発行者　脇坂康弘

〒113-0033 東京都文京区本郷 2-29-1
TEL.03(3813)3966
FAX.03(3818)2774
http://www.doyukan.co.jp/

発行所　株式会社　同友館

落丁・乱丁本はお取り替えいたします。
ISBN 978-4-496-05681-9

神谷印刷／松村製本所
Printed in Japan